# EL LIBRO DE LOS INCIENSOS

Plutón
Ediciones

Colección
Nueva Era

# EL LIBRO DE
# LOS INCIENSOS

*BARBIÉ LAVALL*

© Plutón Ediciones X, s. l., 2024

Diseño de cubierta y maquetación: Saul Rojas

Edita:    Plutón Ediciones X, s. l.,
          E-mail: contacto@plutonediciones.com
          http://www.plutonediciones.com

Impreso en España / Printed in Spain

I.S.B.N: 978-84-19651-77-8
Depósito Legal: B-150-2024

## Dedicatoria

A madame Yolanda, maestra de maestras en las artes mágicas. Una andaluza que, por cuestiones políticas, tuvo que emigrar a Francia y, desde la soleada Niza, donde tenía su centro esotérico, muy cerca del azul Mare Nostrum, impartió sus enseñanzas a cientos de mujeres y a unos cuantos hombres que buscaban en la magia un camino de superación. También formó a algunas de las mejores profesionales del mundo esotérico moderno de varios países de Europa y de Hispanoamérica.

Sirva este libro, madame Yolanda, como sencillo y sentido homenaje de todos aquellos que, a su lado, pudieron abrir esa puerta, de la que tanto nos hablaba, para poder adentrarse en el mágico mundo de los rituales mágicos y de su especialidad, la magia casera. Sé que, aunque su cuerpo nos dejó hace ya años, usted, estimada Yolanda, sigue desde muy arriba iluminando a todos aquellos que tuvimos en sus conocimientos esotéricos una guía para la vida y, en algunos casos, nuestra profesión.

Para Aurora, la mejor mujer con saber que he conocido; a la que tanto echo en falta por muchos que sean los años que transcurran. Cada vez que me siento a escribir un libro o doy una charla, pienso en usted, la mejor persona que he conocido, y en los "pequeños" consejos que nos enseñaba en su pequeña, pero preciosa casa, siempre con olores a inciensos, casi siempre distintos. Nada sería yo en este mundo sin usted, estimada, adorada Aurora (*In memoriam*).

# PRÓLOGO

Fue en las últimas décadas del pasado siglo cuando un equipo de arqueólogos alemanes y austriacos, excavando cerca de una cueva por la zona montañosa del noreste de Renania, encontraron los restos de unos enterramientos que se remontaban al Paleolítico. Aquellos restos pertenecían a humanos de la especie neandertal, que habían vivido, en este caso concreto, haría unos ciento veinte mil años.

En principio no era más que otro descubrimiento de enterramientos de este predecesor de los humanos actuales. Lo distinto fue descubrir que, junto a los huesos, se supone que de una pareja de adultos con dos niños, se encontraban, junto a puntas de flechas y rascadores de sílex, unos extraños restos muy duros que, en un principio, los arqueólogos pensaron que se trataba de restos de alimentos, quizá grano, que los miembros del clan al que pertenecían los muertos había depositado en el momento del enterramiento para que sirviera de alimento en el "más allá", cualquiera fuera la creencia que tuvieran aquellos humanos primitivos sobre la vida después de la muerte.

Antes de continuar, quiero indicar que, ya desde mediados del siglo XX, y a raíz de otros enterramientos excavados de la especie neandertal, en los que se encontraron restos de flores junto a los huesos, los investigadores saben que, esa especie humana o protohumana, ya que, aunque el aspecto fuera distinto al actual ser humano moderno, no podemos negar que eran humanos, tenía un sentido trascendental de la vida y la muerte. Por lo que ofrecían ofrendas y regalos a sus muertos para que los gozaran en un mundo *post mortem*, que no sabemos cómo se lo imaginaban.

Cuando los arqueólogos alemanes llevaron a analizar en el laboratorio aquellas pequeñas porciones secas de lo que creían serían restos de alimentos, se llevaron la sorpresa de comprobar que se trataba de restos de distintas resinas vegetales. Tras consultar con científicos especializados en árboles y en paleobotánica, pudieron averiguar que, en algunos casos, se trataba de resinas de árboles que habían desaparecido del centro de Europa hacía casi cien mil años.

Ante tal hallazgo, llegaron a la conclusión de que aquellas resinas tenían la misma función que tienen los modernos inciensos y sahumerios. Servían para purificar y, sin duda, formaron parte de antiquísimos rituales que los neandertales hace más de cien mil años (en algunos casos se sabe que con el doble de antigüedad, ya que algunos se remontan a más de doscientos mil) utilizaban en algunas ceremonias, que, siempre desde sus creencias, que aunque hay varias teorías desconocemos con certeza, posiblemente utilizaban para que acompañaran a los difuntos en su último viaje.

Como podemos ver, lo que conocemos como inciensos, sahumerios y en algunas escuelas esotéricas y mistéricas como "catares" (denominación menos conocida, salvo en grupos y escuelas especializadas en esoterismo y en rituales de alta magia) no son una moda de las últimas décadas, sino que se remontan a, en algún caso, unos pocos cientos de miles de años.

Barbié Lavall
(En algún lugar perdido por los bosques
y en plena naturaleza).

## NOTA ANTES DE EMPEZAR

Algunas hierbas, plantas y productos que aparecen en este libro pueden, en algún caso, no ser conocidos por el lector o lectora, debido a que algunos cambian de nombre no solo dependiendo del país, sino también de la zona geográfica en que se ubican, pudiendo ser conocidos en una zona concreta con un nombre y apenas a unos pocos cientos de kilómetros, o menos, por el cambio de idioma o de denominación popular, con otros muy distintos.

Por dicha razón, la mayoría de ellos se mencionarán con su nombres más popular y generalizado, menos en los casos en los que es muy difícil utilizar un término que sirva para toda España, y ya no digamos para otros países hispano hablantes.

# PRIMERA PARTE

# LOS AROMAS SAGRADOS

*Pocas cosas hay en esta vida y en este mundo que me hagan
sentir más espiritual que los aromas a inciensos.
Sin importarme la religión o culto a la que pertenezcan.
Pienso en ocasiones que, los inciensos, y mucho
más algunos en concreto, nos facilitan la comunicación
directa con la divinidad de cada cual.*
LUIS UTSET, *escritor y especialista en misterios
y enigmas de las religiones.*

Nos decía madame Yolanda, a quien he dedicado este trabajo que tienes en tus manos, que, los dos productos más omnipresentes en la mayoría de los rituales mágicos eran las velas (y velones en algunos casos) primero, y los distintos inciensos y sahumerios después.[1]

Con el paso de los años he podido comprobar personalmente que la gran maestra de la magia casera tenía toda la razón.

No existe cultura alguna, que sepamos, desde los antiguos sumerios, acadios y egipcios (hace más de 5 mil años) hasta la actualidad, que no utilice los incienso y, en algunos casos, los sahumerios, en sus cultos y rituales religiosos.

---

1        Ver de esta misma editorial el libro *El atelier del mago y la bruja.*

Como este trabajo no es un sesudo tratado de historia de las religiones, no voy a alargarme en este tema, aunque sí dejaré claro que, en los materiales arqueológicos (pinturas, paredes, estelas, frescos, tablillas, litograbados) que se han recogido por millares de distintas épocas y diferentes culturas y continentes, en todos ellos, principalmente en el caso de las culturas más desarrolladas, las cuales nos han dejado más material arqueológico, se pueden apreciar algunas imágenes en las que junto a sacerdotes y altares (en algunos casos para sangrientos sacrificios) se muestran pequeñas columnas de lo que parece humo y que, según los arqueólogos, se trata de la quema de algún tipo de sustancia considerada sagrada, purificadora o, en algunos casos, como por ejemplo la misteriosa cultura etrusca (anterior a los romanos y afincada en la actual Italia), un "puente" para poder comunicarse con los muertos o con los dioses.

Inciensos, sahumerios y similares, encontramos presentes en la mayoría de los ritos religiosos (incluidos los cristianos, en muchas ocasiones) y ceremonias mágicas. En este libro se presentarán un buen número de ellos (todos sería prácticamente imposible), así como, y esto no es habitual en un libro, cómo podemos nosotros mismos elaborar (aunque sean unos pocos) los que se utilizan en la cada vez más popular magia casera y en ciertos rituales de las distintas escuelas brujeriles.[2]

---

2       Para profundizar en este tema, recomiendo el libro,

Asimismo, he pensado que podía ser de interés para quien lea este libro, presentar algunos inciensos que tuvieron una gran importancia en la antigüedad, y que, actualmente, salvo en casos muy particulares de grupos realmente elitistas (y herméticos) de alta magia, no se usan. Un caso concreto sería el coral rojo, muy utilizado para la magia durante más de mil años, entre griegos primero y romanos después.

Espero que encuentres en este libro muchos aspectos, curiosidades y material práctico sobre los inciensos y similares, y que esto te ayude a profundizar en el más mágico mundo que existe: el de la magia casera (y otras magias más "fuertes", por así llamarlas) y los diferentes "brazos" que forman la brujería, en sus muy distintas variedades y escuelas.

---

publicado en esta misma editorial, titulado *Diario íntimo de una bruja*.

## Distintos formatos para inciensos, sahumerios y similares

*Para mí, las formas geométricas o mentales tienen una importancia vital a la hora de realizar un ritual mágico. Sé, por tradición y herencia, que, en cada ritual, la forma, cantidad y formato que se use, aunque se trate del mismo producto, puede y debe de variar, según podamos reproducir mentalmente el objeto o producto en nuestra mente. Sea un incienso, una vela, un mineral. En la magia, TODO tiene su importancia y TODO debe de estar muy controlado.*
*MADAME YOLANDA, maestra de maestras*
*en el arte de la magia.*

*No creo que todos los inciensos sean iguales. Algunos elevan mi alma, mientras otros tan siquiera me hacen sentir nada. Pienso en ocasiones que, algunos inciensos escogen a las personas en lugar de lo contrario.*
*BARTOLOMIU PRIMOGALLO MONETI,*
*viajero y buscador de otras realidades.*

La mayoría de las personas que se mueven por el mundo esotérico tienen en sus casas, y en caso de ser profesionales en sus consultorios, como mínimo alguna cajita con inciensos o sahumerios.

Voy a dar en este libro, y quizá sea una forma subjetiva de hacerlo, pero pienso que es la mejor, mi opinión sobre los distintos formatos o formas en que se presentan los inciensos comprados (más adelante explicaré cómo podemos fabricar algunos por nuestra cuenta).

Los más habituales y utilizados desde hace décadas son los que se presentan en varillas.

Se suele decir que existen más de ciento cincuenta (no es exageración) olores distintos para todos los gustos. Pero llegados a este punto, he de añadir que si bien algunas varillas, normalmente originarias de la India y países próximos son de gran calidad, también es verdad, y lo he comprobado personalmente en más de una ocasión, que ciertas varillas, normalmente hechas en China, tras ser encendidas (siempre con cerillas, jamás en magia se usan encendedores de gas, gasolina o similares)[3] todas olían exactamente igual, hasta el punto de no poder distinguir un olor del otro.

No diré que suceda siempre igual, ni mucho menos, pero conozco bastantes malas experiencias al respecto, por lo que aconsejo que, a la hora de adquirir un paquete de varias (en algunos casos

---

3    Para conocer los mejores y más prácticos consejos a la hora de preparar y desarrollar las ceremonias y rituales mágicos (y también para ciertas quedadas de *coven* brujeriles), por ejemplo, cómo quemar unos productos, aceites, tintas mágicas, hierbas, polvos mágicos y demás, o bien qué objetos auxiliares utilizar para ello, aconsejamos al lector que quiera profundizar, consulte el libro de la autora *El atelier del mago y la bruja*, publicado en esta misma colección (2023).

incluso se venden sueltas y puedes combinar los olores) te fijes bien de su origen (vale la pena pagar unos pocos céntimos más y llevarnos verdadera calidad). El olor del incienso, que en forma de humo formará parte del ritual, tiene una importancia muy grande en toda ceremonia mágica o religiosa.

Hay personas que prefieren los inciensos en forma de pequeños conos. Me parece perfecto. Incluso en algunos trabajos publicados anteriormente, he recomendado que, en muchas ceremonias y rituales mágicos, incluso en sesiones de meditación trascendental o de yoga, se utilice (quien esto escribe lo hace desde hace muchos años) unos pequeños y bonitos quemadores de incienso metálicos, normalmente hechos en India y otros en Nepal, que están formados por dos piezas, muy parecidas, aunque de pequeño tamaño, a los "tachín" que se usan para elaborar la comida en ciertos países árabes, principalmente en los que forman parte del Magreb.

En estos pequeños y bonitos quemadores, que en la mayoría de los casos están grabados y decorados, se pone el cono en el interior y en la parte superior, que puede llevar uno o más pequeños agujeros, podemos introducir la varilla de incienso. Y, así, se pueden quemar los dos a la vez.

Sobre combinar olores, te recomiendo leer detalladamente el capítulo dedicado a este tema en otra parte del libro, pues nos podemos llevar alguna sorpresa, agradable o todo lo contrario.

En este caso, se pueden combinar distintos olores, cuyo humo al mezclarse, para reforzar las facultades que el humo de un buen incienso debe producir para facilitarnos el ritual, meditación o lo que deseemos.

Para los más sibaritas o que estén más introducidos en estas temáticas, recomendamos los inciensos naturales, normalmente en polvo o directamente muy picados, los cuales se encienden en quemadores de materiales como la cerámica, porcelana, ulano (madera muy rara de encontrar, aunque ya podemos adquirirla en tiendas especializadas) o algunas maderas duras que no sufren con el calor que desprenden los inciensos naturales, de los cuales hablaremos más adelante.[4]

4      Existe en el mercado un interesantísimo trabajo sobre este tema de la escritora gaditana Mery Meyer titulado *El laboratorio de la bruja*, que se ha convertido casi en un libro de

Tambien, en los últimos años en España y desde hace bastantes en los países de Hispanoamérica, se utilizan cada vez más los llamados "atados", los cuales, aunque no son exactamente inciensos ni

cabecera para muchos profesionales de la magia, y en el cual también se describe perfectamente qué detalles hay que tener en cuenta a la hora de hacer, realmente bien y con seguridad, un ritual o ceremonia mágica, sin que una pequeña minucia sin apenas importancia lo lleve a resultar fallido.

sahumerios, sí que, en muchos casos (precisemos que no en todos) tienen como finalidad cumplir la misma función.

## El incienso de coral rojo
## o "Incienso de Poseidón"

*Cuando buceaba y veía el floreado coral rojo,*
*sentía que estaba ante algo casi sagrado.*
*Mi corazón latía con más fuerza y mi sangre,*
*también roja, notaba un torrente que era imparable.*
*Reconocía que aquello que estaba ante mis ojos,*
*entre los agujeros de las rocas mientras buceaba, s*
*olo acompañado por las ascendentes burbujas*
*de mis botellas de aire, era lago casi divino.*
Antonio Santiago "Toni" González
*Noble, buceador y viajero imparable.*

No podemos asegurar cuándo empezó a usarse
este incienso en ceremonias religiosas y mágicas,
aunque se supone que fue hacia el siglo X antes de
Jesucristo y, eso sí que lo sabemos con total seguridad, empezó en tierras griegas (pensemos que la
antigua Grecia era el triple de grande que el actual
Estado con ese nombre) de donde pasó a la entonces
helénica isla de Sicilia, y más tarde a los romanos.
Incluso se supone, pues apenas hay documentación
sobre el tema, la misteriosa y muy ocultista cultura
etrusca[5], pueblo de origen desconocido que habitó

5      La cultura etrusca de origen hasta ahora desconocido,
pero que se ubicó en un momento indefinido de la historia en
tierras itálicas, está considerada como la más ocultista de la antigua Europa. Su obsesión por la magia y todo lo oculto, y en
muchos casos, especialmente, por lo que actualmente llamaría-

durante siglos lo que más tarde serían territorios romanos, también lo utilizaban en sus constantes rituales mágicos (muchos de clara inspiración necromántica) y lo adquirían en sus transacciones comerciales con los mercaderes griegos (cuando no estaban batallando entre ellos).

El coral rojo fue muy usado en la antigüedad, y muy apreciado para el mundo esotérico (amuletos, aceites, colonias)[6] de las antiguas culturas clásicas. Se han encontrado pequeños trozos de coral rojo en las ruinas de antiguos templos y santuarios cananeos y filisteos, ubicados en lo que actualmente serían tierras palestinas y de Israel.

Pero antes de continuar, pasemos a conocer un poco más ese producto tan buscado, caro y también desconocido que llamamos coral rojo.

---

mos magia negra, hizo que fueran temidos por muchos de sus vecinos. En bastantes enterramientos etruscos se han encontrado un buen número de amuletos y talismanes, así como figurillas (algunas, aunque pocas, de coral rojo) relacionadas con la más pura magia.

6       Para las personas que se interesen por la cada vez más buscada colonia de coral rojo o "colonia de Poseidón" (con ambos nombres se le conoce), recomendamos que sea artesanal, no solo una marca famosa, y mejor si en el interior de la botellita contiene un pequeñísimo trozo de dicho coral, señal de su autenticidad y de haber sido elaborado realmente de forma artesanal.

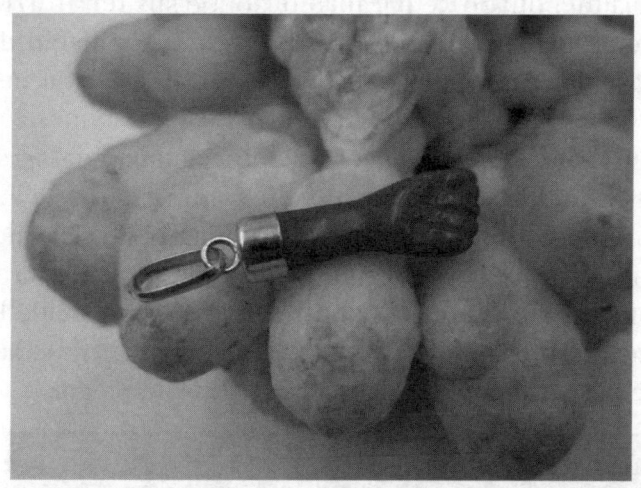

**Amuleto de coral rojo**

## EL ORO ROJO (LA SANGRE DE POSEIDÓN)

Si las entrañas de la tierra nos han dado el oro dorado y el oro negro (petróleo), por los cuales los hombres han matado y han muerto, de las profundidades marinas aparece otro oro, tan bello como el dorado, y que también ha sido causante de muertes, accidentes y saqueos, pues, desde la más remota antigüedad, ha sido deseado por los hombres que no han dudado en llamar al coral rojo, el "oro de Poseidón", utilizado tanto en la joyería como en el esoterismo en todas sus facetas.

Sin duda, una de las imágenes más bellas que los submarinistas pueden todavía contemplar en aguas del Mediterráneo es el techo de una gruta submarina tachonado de coral rojo, donde sus flores azuladas forman un mosaico digno de un palacio de Poseidón.

El *corallium rubrum* es un octocoralario colonial de esqueleto arborescente. Su nombre, aunque los estudiosos no se han puesto totalmente de acuerdo, parece provenir del griego *korax* que se podría traducir como "gancho" y posiblemente procede de la antigua costumbre de los griegos de la antigüedad de pescarlo con ganchos y rastrillos de hierro.

**Corallium rubrum**

Este zoófito prestigioso, habitaba en un principio solamente en el Mediterráneo, pero según los estudios del biólogo marino Pierre de Latil, con la construcción del canal de Suez, se extendió al Mar Rojo y de allí a zonas próximas.

Desde tiempos protohistóricos, el hombre buscó con afán este "oro rojo", y los primeros naturalistas, principalmente griegos (primeros en explorarlo) y romanos, se asombraban de que siendo hasta cierta manera blando y verdoso dentro del mar, se convirtiera en la superficie en duro y del color de la sangre. Actualmente, sabemos que dicho misterio tiene una explicación científica, pues dicha blandura proviene del cenosarco (conjunto de tejidos vivos que unen a los distintos individuos de una colonia) y que el color azul verdoso, que veían los antiguos y actuales buceadores, se debe a que, a cierta profundidad, el color rojo se extingue.

Plinio escribió que los magnates de la época preferían "el coral de Sicilia y del golfo de las Galias", y que "su precio era similar al del oro más puro".

Es a partir del siglo XVI, cuando los estudiosos de la época empiezan a querer comprender los fenómenos naturales y el coral no se escapa de esta prioridad.

El "arbolito de piedra" o la "planta pétrea", como se había definido el coral hasta dicho siglo, empieza a desvelar sus secretos, y así los buceadores de Creta explican a los científicos renacentistas que el coral tiene "flores azules" que se abren en el agua, mientras se cierran al aire libre.

Es precisamente en el año 1624, cuando el famoso alquimista provenzal Peiresc (no olvidemos que muchos de los científicos de la época practicaban la alquimia), ve perplejo, al visitar el museo de

Pisa, como una rama de coral había crecido encima de un antiguo cráneo humano encontrado hacía años por buceadores sicilianos. Peiresc se trasladó a Tolón para ver la pesca del coral *in situ* y en uno de sus trabajos ("Koralión") nos describe cómo era pescado con grandes cruces de madera llenas de cadenas y redes (Cruz de San Andrés), que eran arrastradas por el fondo marino, para así poder enganchar las ramas de coral (arrasando de paso la superficie marina). En la misma época, el médico Pierre Peyssonel se curaba en salud y después de mucho exprimirse las neuronas, aseguró que las "flores azules" eran ni más ni menos que "insectos".

Es solamente a principios del siglo XIX, cuando el doctor Milne-Edwards pudo y supo comprobar que se trataba de pólipos minúsculos que segregaban por su base un líquido calcáreo espeso, que se endurecía en forma progresiva, y se desarrollaba especialmente hacia las extremidades de las ramas.

Todos los minerales nobles, fueran metales (oro, plata, etc.) o no metales (diamante, rubí, etc.) fueron considerados por los diferentes pueblos y culturas, como portadores de buena o mala suerte, y poseedores de poderes y propiedades ocultas.

El coral rojo se llevaba la palma entre las culturas clásicas y no podía ser menos. Desde la más oscura antigüedad, se creyó que, con él, se podían realizar todo tipo de amuletos, talismanes e incluso usarse en trabajos de magia, por ejemplo, fabricar algunas sustancias que podemos definir como inciensos.

A la India se supone que llegó exportado por los hombres de Alejandro Magno, que llegó al subcontinente en el siglo IV. Los magos hindúes utilizaban el coral rojo para hacer dijes, amuletos y, en muchas ocasiones, para curar enfermedades, por ejemplo, las relacionadas con la sangre, pues creían que, por la similitud entre el coral y el líquido vital, el primero podía "trabajar" sobre el segundo. La forma de tomarlo era machacado o pulverizado en un almirez de piedra, mármol o bronce y tragado con un poco de agua. Durante la Edad Media, también se tomaba "polvo de coral" para los males de amor.

**Figura japonesa de coral rosado**

35

En el Japón medieval, y hasta el año 1830, todo el coral rosado (inferior al coral rojo mediterráneo) que se pescaba, se tenía que entregar a los *shogunes* (comisarios regionales) los cuales los vendían a los médicos o a los magos para elaborar pócimas o remedios curativos, además de figuritas sagradas.

Pero sin duda, son los árabes los que más propiedades achacan al coral, y en sus correrías por el Mediterráneo, acaparan todo el que pueden, y con ellos fabrican todo tipo de amuletos para conseguir la *baraka* o sea la suerte y fortuna, y para romper el mal de ojo; para este menester concreto, se han encontrado amuletos de coral en forma de mano de Fátima, uno de los amuletos más utilizados aún hoy en algunos países árabes.

Llegados a los árabes y sus omnipresentes creencias esotéricas, y como este libro es un trabajo esotérico, aprovecho para abordar la más hermética de sus artes: la alquimia.

Durante la Edad Media e incluso los primeros siglos del Renacimiento, los practicantes de la alquimia, tanto cristianos, como árabes (y en algunos pocos casos también chinos e hindúes) dieron una importancia capital al rojo coral mediterráneo, y así nos encontramos con la aseveración que el gran alquimista y monje benedictino Dom Antoine Pernety (padre del famoso *Diccionario mito-hermético*) hizo del coral, del que cito textualmente: "Es tal su importancia, que es el nombre que los filósofos dan a su piedra fijada al rojo, cuando está en el agrado de su perfección ".

Los alquimistas creían que el coral se había formado, como Crisaor, de la sangre derramada de la herida que Perseo hizo a la temible y vengativa Medusa, dado que los filósofos herméticos tomaron tanto a Crisaor como al coral rojo como símbolos de su azufre perfecto.

En las cercanías de la formidable Kutubía, la imponente torre de la mezquita de Marrakech, se cambiaba oro por coral rojo, exactamente en los mismos tenderetes donde se vendían o cambiaban los libros alquímicos que iban y venían de África a Europa.

## EL CORAL ROJO EN LA ACTUALIDAD

Con la invención de la escafandra autónoma de aire a mediados del siglo XX (fabricada por el polémico, para algunos, comandante Costeau y el ingeniero Émile Gagnan en 1943), la pesca del coral se generaliza y por desgracia casi se llega a la extinción en algunas zonas. Miles de buceadores, tanto profesionales como aficionados, bajan armados de una red y un martillo y se adentran en las pequeñas cuevas que tienen el techo plagado de bellísimas ramas que, al ser enfocadas con sus linternas de buceo, dejan ver los resplandores de su sanguíneo color.

Es a mediados de la segunda mitad de este siglos, cuando las autoridades toman carta en el asunto, y prohíben expresamente la pesca de este tesoro submarino, aunque no ha sido hasta los últimos años, en que los estamentos responsables han tomado su labor un poco más en serio, y así, solamente en la Costa Brava catalana, uno de los pocos lugares del Mediterráneo donde aún queda este "oro rojo", se supone que cada año se depredaba por parte de *amateurs* unos mil kilogramos, a los que se sumaban los que pescaban "legalmente" los coraleros acreditados.

En tierras meridionales, principalmente italianas, todavía hoy sabemos de unos pocos barcos coraleros italianos que arrastran la famosa y antiquísima "cruz de san Andrés" de la que hemos hablado anteriormente, por los fondos marinos de Almería y Málaga, destrozando con sus pesos y cadenas, toda la flora submarina.

A nivel anecdótico quiero comentar que, en los últimos tiempos, en países como Gran Bretaña, Estados Unidos o el mismo Japón, muchos *skaters* (practicantes del patinaje urbano) llevan en sus bolsillos o colgados del cuello, ramitas de coral, en un intento de evitar los accidentes y las consecuentes fracturas traumatológicas. Lo que no deja de ser una forma de amuleto.

Una vez explicado qué es el coral rojo y parte de su historia, continuaré hablando de su relación con los inciensos en la actualidad, ya que, sabemos con certeza que todavía hoy en ciertas zonas del Mediterráneo más oriental, y últimamente también en España y en algún caso, por pequeñas exportaciones (de tipo personal y en escasas cantidades) a países de Iberoamérica (ya que Brasil es uno de ellos), algunos artesanos, muy especializados en la fabricación de inciensos (y colonias) artesanales, de los que hablaré extensamente más adelante, continúan con la antiquísima técnica de producir, gracias a las llamadas "pieles" (la parte exterior y anaranjada del coral rojo que se pierde cuando los van a pulir para joyería o similares) el muy buscado, aunque poco conocido incienso de coral rojo o "incienso de Poseidón" (bastante usado en algunas zonas de Chipre y en ciertas islas turcas).

Hace años, cerca de las costas de Turquía, uno de estos artesanos me contó que ellos dejaban que las "pieles" del coral rojo se secaran una vez desprendidas (la parte dura y noble que le da nombre la usaban para la pequeña joyería) y, una vez seca, y con los pequeños trozos de coral rojo que habían sobrado (o bien roto en algunas ocasiones) tras trabajar las pequeñas joyas o colgantes y ser limados, hasta convertirlos en casi un polvo de color muy rojo, hacían una mezcla que era sumergida en algo parecido a la miel (no nos quiso dar más detalles sobre dicho producto) y, tras dejarlo varios días secar en la oscuridad, hasta convertirse en una pasta semidura, cogían una especie de milenrama y, uncían estas delgadas ramas con el resultante de la mezcla del coral rojo y aquel tipo de miel. Lo volvían a dejar secar durante unos pocos días y, seguidamente el producto resultante era muy parecido a las varillas de incienso que se venden habitualmente en todo tipo de establecimientos.

Lógicamente, por su elaborada fabricación, el tiempo que necesitan para elaborarlo, y estar compuesto en parte por el carísimo coral rojo, aquella gente vendía el "incienso de Poseidón" o incienso de coral rojo a unos precios muy distintos a las baratísimas varillas a las que estamos acostumbrados.

Finalizaré este capítulo dedicado al "incienso de Poseidón" o incienso de coral rojo comentando que, al igual que la muy buscada colonia de coral rojo que se puede conseguir en algunos lugares (recuerda mirar que siempre sea artesanal) casi todo lo relacionado con el coral rojo a nivel esotérico, acostumbra, al igual que hace milenios, a tener una función mágica relacionada con el amor, la pasión sensual, la atracción sexual o la relación de pareja.

## LOS INCIENSOS NATURALES
## MÁS USADOS Y RECOMENDADOS

*Desde que era una niña, jamás ha faltado en mis
estancias, fueran privadas o profesionales, algunas
varillas humeantes de incienso. Mis preferidas han
sido siempre las relacionadas con las flores, pero
también las más espirituales como el sándalo o la mirra.
Me siento más segura y sé que, el humo
que se desprende de ciertas varillas, no todas,
purifica el lugar y me protege de cosas indeseables.*
MERY MEYER, *escritora, ensayista,
esoterista y viajera imparable.*

Sin duda alguna, existen decenas de inciensos
naturales, y seguro que nos quedamos cortos. Cada
territorio, dependiendo de sus plantas, árboles y
otros factores, elaboran sus propios inciensos (y
sahumerios).

En este libro presentaré los más usados en España y también en muchos países de Hispanoamérica. Probablemente algún lector o lectora encon-
trará a faltar alguno, aunque, repito, una relación
de todos sería una enciclopedia de varios tomos y,
tan siquiera así conseguiríamos reunirlos a todos.

Verá el lector o lectora que, junto a cada uno se-
ñalo una pequeña referencia a sus virtudes y usos.

Conozcamos ya los inciensos naturales más usados y conocidos, y sepamos algunas de las pecu-

liaridades que los han hecho famosos en el mundo esotérico y mágico.

**Mirra**

Principalmente es popular porque los Reyes Magos se lo regalaron supuestamente al Niño Jesús, pero la verdad es que el incienso de mirra se considera muy apropiado para el bienestar del lugar donde se quema (o para la persona que lo quema). Nos ayuda a purificar el ambiente y protegerlo de daños ajenos (al ambiente o a la persona).

El incienso de mirra es un protector universal. Nos protege contra todo mal o daño. También nos ayuda a hacer meditación. Sirve principalmente para la limpieza de personas y lugares. Aleja energías negativas y nos protege del mal de ojo.

### Copal

Incienso para quemar, muy popular en algunas zonas de Hispanoamérica, pero usado desde hace décadas en Europa.

El olor que desprende al quemar relaja el ambiente y da bienestar.

### Amor-tenga

El incienso amor-tenga es uno de los productos esotéricos de importación más usados para rituales de amor y de pareja en general. Su muy peculiar mezcla de hierbas e inciensos muy concretos nos permite realizar peticiones de amor fácilmente.

### Atrapa Dinero

Por suerte o por desgracia, el dinero es necesario en esta vida (no conocemos a nadie que lo echa a la basura por simple placer), y por ello las peticiones y trabajos de magia con tal fin son muchas y, quizá por las graves y diversas crisis económicas en las que vivimos, cada día son más las personas que hacen rituales para conseguirlo y vivir con un mínimo de dignidad.

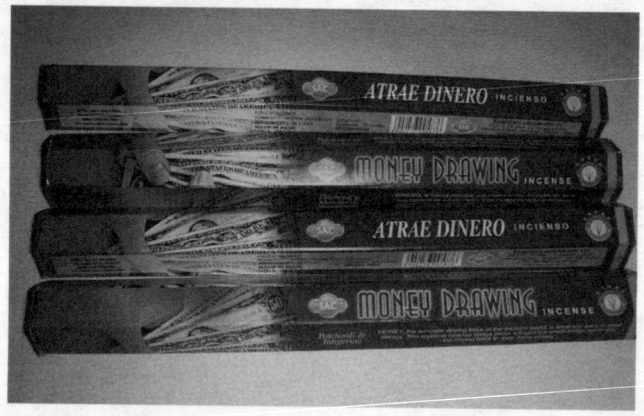

Con este incienso, mezclado ya con hierbas "Santo Sepulcro", podemos realizar rituales para peticiones de dinero.

**Celta**

Este incienso de agradable olor dulzón estimula la concentración, facilita la meditación y ensancha la felicidad y armonía.

Se haces servir en los rituales *wicca* y de las brujerías de distintas escuelas, *coven* y tendencias en general.

Ya he dicho que, desde la prehistoria, en todo ritual religioso o mágico se han venido quemando diferentes sustancias olorosas para purificar el lugar, los alrededores, las personas, el altar o in-

cluso para ponerse en conta to con los seres superiores o divinidades, pero, en este caso concreto,
con toda seguridad es de o gen celta, como su
nombre indica, y se elaboró pensando en el todo-
poderoso dios Lug en concreto y su pareja divina
Lucina.

### Incienso de la abuela (o de las montañas)

Incienso de tradición y receta muy antigua, ba-
sado en la recogida de distintas resinas de árboles,
principalmente las piccas y los pinos rojos.

Se utiliza generalmente para purificar totalmente
a las personas y, quemado de noche (cuidado con
provocar incendios) ante la puerta de nuestro hogar, para protegerlo de malas vibraciones, males de
ojo o que nos venga a visitar mala gente.

### José Gregorio

Con este incienso, mezclado ya con hierbas de
Santa Rita, podremos realizar rituales para peticiones, tanto por nuestra salud y la de nuestros seres
queridos, como para que nos visite el más benéfico
bienestar a nivel personal o familiar.

### Limpiador

Con este incienso típicamente mediterráneo, mezclado con hierbas de Balaal (las famosas lágrimas)
o también con la poderosa ruda en polvo, podemos
realizar distintos rituales para toda clase de lim-
piezas, sea de personas, locales, casas, amuletos,

coches, negocios, despachos. Úsalo siempre de día, nunca de noche ni cerca de niños pequeños.

### Muérdago

Desde hace milenios es conocido el poder ancestral del incienso de muérdago, nuestro aliado esencial en la protección y purificación contra energías indeseadas y vibraciones patógenas. Sin duda un verdadero bálsamo para tu hogar, tu familia, tu trabajo y tus pertenencias.

Su uso es exclusivo para quemar con carbón instantáneo o en quemadores, pero siempre intentando estar un poco alejado de su humo, jamás encima o directamente sobre él. Puede dañarnos en lugar de ayudarnos. El muérdago puede ser un gran aliado, pero también puede pasarnos factura si no lo usamos bien.

**Planta de muérdago**

Sin duda, el universo esotérico nos ha entregado a lo largo de los siglos innumerables herramientas para ayudarnos en nuestro viaje espiritual, aunque algunos solo nos hemos dado cuenta de ello cuando los hemos usado. El incienso de muérdago, venerado desde la antigüedad por su capacidad de proteger, purificar y limpiar profundamente puede ser nuestro gran aliado, pero con todos los cuidados necesarios para que no se convierta en todo lo contrario.

Para algunos esoteristas y ocultistas (ya que no estamos hablando de ciencias exactas), este incienso no solo es usado por sus propiedades espirituales sino también por su aroma envolvente que nos conecta con la Naturaleza y nos ancla al presente, pero nos abre, si sabemos cómo, las puertas del futuro (por eso es muy utilizado por tarotistas). Al encenderlo, las notas terrosas del muérdago llenarán tu espacio, creando un ambiente propicio para la meditación, el recogimiento y la introspección.

### Natural o "Miguelón"

El incienso natural es un incienso neutro, elaborado a base de resinas y de pequeñas hojitas de lo que en algunos países hispanos llaman "natiputas" muy parecidas a pequeñas margaritas secas. Sirve prácticamente para todo y está relacionado con el mundo espiritual, por lo que puede utilizarse para todo fin.

*47*

## Ruda

El incienso de ruda es actualmente uno de los inciensos más buscados y usados, dado la popularidad de la ruda y sus propiedades.

Se trata de una planta usada (siempre debe estar muy seca y cortada, jamás verde) para trabajos rituales de suerte y fortuna. Asimismo, el incienso de ruda sirve también para la protección global de la casa, familia, salud y trabajo.

**Incienso de ruda**

No debes acercarla nunca a los labios ni a la boca.

En todos los *ateliers* de ritualistas debe estar presente un poco de este incienso milenario.[7]

## Salvia

La salvia se utiliza para purificar a las personas, lugares, casas y objetos. Nos ayuda a limpiar el aura,

[7] Al igual que en capítulos anteriores, recomendamos para ampliar la información al respecto, el libro de esta misma editorial *El atelier del mago y la bruja* (2023).

sacarnos las negatividades y liberarnos del estrés y, nos puede ayudar ante ciertos problemas psicológicos, sin que ello descarte para nada los buenos consejos de un profesional de la salud mental, si es el caso.

**Planta de salvia**

Cuando nos encontremos muy cargados de negatividades, o de esas épocas en las que todo nos sale mal, se recomienda encender un poco de incienso de salvia, ayudándonos de carbón instantáneo en el cual pondremos una cucharada llena de dicho incienso. Seguidamente, lo dejaremos quemar totalmente hasta el final, y, una vez esté bien apagado lo desecharemos por una ventana o puerta envuelto en papel de plata que cerraremos lo mejor que podamos.

**Suerte rápida**
Mezcla de hierbas de san Juan muy secas y resi-

nas, apropiadas para este propósito, atraer la suerte de forma rápida y eficaz.

### Benjui

El benjui, tan conocido, pero poco usado, cuando empieza a humear nos purifica y nos da y aporta prosperidad, paz, protección. Si se quema en casa purifica nuestro hogar durante varios meses y lo limpia de las energías.

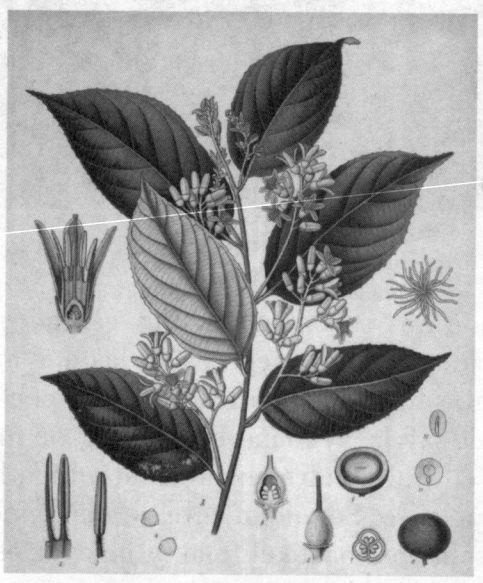

**Planta de benjui**

### Romero

Este incienso tan natural y fácil de conseguir está relacionado con todo lo que tenga que ver con las limpias y descargas de energías negativas en personas, hogares, negocios y las muy peligrosas larvas astrales; verdaderos vampiros astrales que siempre debemos de tener lejos.

**Lavanda**
Este incienso, también natural, está relacionado con todo lo que tenga que ver con el éxito y el dominio, tanto puede ser en la vida cotidiana de cada día, como en el juego, trabajo, grupos sociales y demás.

**Planta de lavanda**

Este incienso natural, una vez quemado y bien frío (tras pasar tres días, ni uno más ni uno menos de quemarlo), puede ponerse en una bolsita de tela (nunca de color negro o lila) y llevarse encima como un poderoso amuleto que jamás caducará a menos que lo toque algún enemigo.

## LOS INCIENSOS DE LOS TRES ARCÁNGELES

El culto a los arcángeles, tan ancestral, aunque en los últimos siglos quedaran para muchos casi olvidados, ha renacido de nuevo desde hace años y con gran fuerza. Son decenas los libros en distintos idiomas que tratan sobre ellos.

No deja de ser curioso que, siendo varios los arcángeles (para unas escuelas siete, para otras más heterodoxas ocho, aunque personalmente creemos en los siete oficiales) con relación a los inciensos solo han sido elaborados, con seriedad, tres de ellos.

A continuación, reseñamos los inciensos de dichos arcángeles con sus peculiaridades. Recuerda que este tipo de inciensos siempre ha de ser utilizado habiendo una imagen o estampa de dicho arcángel junto a nosotros. Y, siempre, han de ser quemados sobre carbón, jamás solos en el quemador.

### Incienso Arcángel Gabriel

Cuando queramos hacerle una ofrenda a dicha "esencia divina", siempre la haremos en su día correspondiente, el miércoles.

Se usa principalmente para pedir descanso eterno para los seres queridos, que ya no están entre nosotros. Se le atribuyen las buenas noticias, la invocación, la comunicación, la esperanza, la pureza y la generosidad. Su color es el blanco.

Dia de la semana, como ya hemos dicho antes, el miércoles. No se debe quemar otro día.

Onomástica: 29 de septiembre.

### Incienso Arcángel Rafael

Día de la semana, jueves. Recuerda que cuando queramos hacerle una ofrenda, siempre la haremos en su día correspondiente, es algo muy importante.

Tiene como atributo todo lo concerniente con cualquier petición o problema relacionado con la salud, tanto la nuestra como la de nuestras amistades y, lógicamente, de nuestra propia familia. Su color es el verde.

Onomástica: 29 de septiembre.

### Incienso Arcángel Miguel

Día de la semana, domingo. Cuando queramos hacerle una ofrenda, siempre la haremos en su día correspondiente.

Se le atribuye la protección total y el poder. Simboliza la sabiduría, el valor, la lealtad. Nunca nos falla, ya que siempre está allí donde lo necesitamos. Color, azul.

Onomástica, 29 de septiembre.

No olvidemos la importancia que los arcángeles tienen y siempre han tenido en la vida de muchos de nosotros.

Estos inciensos, puedo hablar por propia experiencia, pueden ser de gran ayuda en ciertos momentos difíciles de nuestra vida. Principalmente cuando nos encontramos desamparados, solos, desorientados, y necesitamos una luz que ilumine nuestra existencia. Ante encrucijadas vitales en nuestra vida terrenal. Y, en general, siempre que podamos necesitar, cerca de nosotros, un verdadero arcángel al que pedir consejo, y que, al igual que cuando éramos niños pequeños, sepamos que lo tenemos cerca para cuidarnos, protegernos, aconsejarnos, amonestarnos si fuera necesario, y ser en este caso nuestro verdadero y amoroso arcángel custodio.

**Pintura de San Miguel Arcángel**

Existen otros productos mágicos y esotéricos relacionados con los arcángeles, como los famosos, y cada vez más usados baños de los siete arcángeles, cada uno con sus colores y sus peculiaridades[8] y su día de baño de descarga, o las velas de los siete arcángeles, cada una de un color distinto y con sus oraciones personales, aunque, en este libro sobre inciensos y sahumerios hemos pensado que son solo presentables sus inciensos, por ser poderosos, fiables y muy recomendables.[9]

## Oración para los arcángeles

Terminaré este capítulo recomendando una oración preciosa y específica para conectar con cualquiera de estos arcángeles y pedir lo que deseemos, incluso para intentar hablar directamente con él (para ello necesitamos una gran concentración mental).

*Con la ayuda del sagrado y divino humo que desprende este incienso, desde lo más profundo de mi alma y también de mi corazón, pido que el poderoso, bondadoso y amado Arcángel* (aquí debemos decir el nombre concreto del arcángel al que le pedimos o rogamos. No sirve más de un nombre) *y su ejército de ángeles*

8    Para los interesados en profundizar en este tema, recomendamos el libro *El laboratorio de la bruja* de la famosa escritora y estudiosa práctica del esoterismo gaditana Mery Meyer.

9    Ver el libro *Rituales mágicos*, publicado en esta misma colección (año 2023).

menores y sus hermanos arcángeles envuelvan de protección la salud de mis seres amados, de mis amigos queridos y, con toda la humildad, me proteja a mí también. Y que por siempre nos libere de toda maldición, mal de ojo, desgracia no merecida, situación malvada, trabajos de magia negra e impregnación de energía negativa que nos pueda lastimar.

*Amén* (tres veces seguidas se repite esta palabra).

# SEGUNDA PARTE

## Las varillas de incienso
## más usadas en rituales

Antes de escribir este libro que tienes en tus manos, visité más de una veintena de tiendas especializadas en productos esotéricos de Barcelona, Madrid, Gerona y Sevilla preguntando a sus propietarios (no siempre han sido agradables en su trato), cuáles eran los aromas de incienso en varilla que más les solicitaban sus clientes, y su opinión personal y profesional (en caso de que la tuvieran).

Aunque, lógicamente, sus versiones son ligeramente distintas, sí que pude constatar que hay una serie de olores que son los más solicitados. Incluso me indicaron, y en eso sí que la opinión fue casi unánime, que existen una serie de varillas que no las quiere nadie, y estaban a la espera de vender las últimas para dejar de tenerlas en sus tiendas (coco, chocolate, madreselva…)

En este capítulo, presento una lista bastante completa de dichos aromas y para qué se utilizan, por regla general, cada uno de ellos.

Recordemos que, en algunos casos, puede variar la finalidad de dichos inciensos, pero este listado, que añado a continuación, es el más generalizado y espero sirva al lector o lectora como una pequeña guía o, mejor expresado, orientación, a la hora de adquirir sus varillas.

Tal como he mencionado al principio del libro, nos podemos llevar la desagradable sorpresa, y lo sé por propia experiencia, de que algunos inciensos, no todos, que vienen de ciertos países (uno muy comercial en concreto), al abrirlos y quemarlos huelen igual. El saber escoger dónde y qué se compra, ya queda al libre albedrío de cada persona.

### Aloe Vera
Este delicioso olor es, preferiblemente, el que nos ayuda a mantener la buena salud y atraer la riqueza o fortuna.

### Opium
El verdadero incienso de opio (opium) de la India es utilizado en temas y ritos místicos desde hace casi cinco mil años. Pocos inciensos son tan efectivos como este para los estados de conciencia y limpieza.

### Palo Santo
Utilizado normalmente para la relajación, concentración y liberar estrés. No hay nada mejor para la relajación que el aroma del palosanto, y, además, purifica y nos protege, tanto a nosotros como al lugar donde lo tengamos encendido (casa, local, negocio o incluso el coche, por citar algunos ejemplos).

**Incienso de Palo Santo**

### Aleja Mal

Se utiliza, generalmente, para alejar males. Es especialmente importante cuando creemos ser víctimas de mal de ojo o algún tipo de trabajo de magia negativa o negra.

### Amor

Muy utilizado para todo lo relacionado con nuestras relaciones sentimentales o de pareja. También para buscar o mantener un amor durante mucho tiempo.

### Atrae Dinero

Como su nombre dice, sirve para atraer el dinero, especialmente al iniciar proyectos o negocios. Si estamos preparando algún proyecto profesional, es importante quemar al menos una veintena de dichas varillas; una cada día, sin saltarnos un solo día.

### Canela

Se utiliza para atraer el dinero o bienes materiales. Si es para buscar un buen camino profesional a nivel económico, puede ayudar en el éxito que de él se deriva, y, sin duda, atrae la riqueza material.

**Canela**

### Niño Jesús

Se trata en este caso de un incienso de los llamados globales o neutros, y se utiliza para hacer toda clase de peticiones, cuanto más espirituales sean estas, mucho mejor.

### Fortuna

Es fácil de adivinar que se utiliza para atraer la fortuna y la riqueza, sobre todo a nivel personal y muy material.

### Fresa
Su fresca fragancia y olor natural nos aporta amor y riquezas espirituales, incluso astrales en algunas personas.

### Lavanda
Un fantástico aroma a lavanda nos ayuda a potenciar la energía positiva y el bienestar. Se trata de uno de los pocos inciensos que puede ayudarnos de igual manera si lo encendemos en un lugar cerrado o abierto.

### Lluvia de Oro
También conocido por muchos como incienso del polvo dorado. Se utiliza para el amor, la riqueza personal y la suerte. Incluso muchos profesionales lo recomiendan usar a las personas que son aficionadas a los diversos juegos de azar.

### Lluvia de Plata
También se comercializa en algunos lugares con el nombre de "incienso del polvo plateado" o incluso "incienso argentero" en ciertos países de Hispanoamérica. Es utilizado para la riqueza y la unión entre el mundo espiritual y el material que nos rodea.

### María Desatanudos
De los más utilizados en los últimos tiempos,

sirve para deshacer problemas inesperados que se nos hace difícil solucionar. No es aconsejable utilizarlo durante demasiado tiempo de forma seguida. Si debemos hacerlo, dejaremos descansar su uso tres días cada dos semanas.

### Llamadera

Debemos utilizarlo para que la persona que amamos y deseamos se acerque o fije su mirada y sentimientos en nosotros.

### Meditación

Es perfecto para utilizar en nuestras épocas de estrés, exámenes, momentos difíciles que requieren meditación. Para personas que sufran de crisis de ansiedad continuadas, puede ser de cierto alivio, ya que, relaja y nos permite ver los problemas con más claridad.

### Naranja

Mal denominado por algunos exportadores orientales como "incienso holandés", su suave aroma a naranja atrae la buena suerte y la prosperidad, alejando en ocasiones las malas vibraciones que nos puedan rodear.

### Pachulí

Conocido en algunos países como "incienso putaroser", su particular olor, que no gusta a muchos, mientras encanta a otros, incluyéndome a mí, si lo usamos frecuentemente nos puede perfectamente ayudar a despertar nuestra sensualidad más carnal, y según muchos ayuda a invocar la riqueza personal y material.

**Planta de pachulí**

### Pomba Gira
Utilizado mucho, principalmente en países de Iberoamérica, sirve para incrementar el amor y la atracción física, así como todo aquello relacionado con el sexo, sea del género que sea. En el caso de las mujeres puede llegar a rodearlas de un halo de sensualidad y atracción de cara a otras personas a las que desea.

### San Cipriano
Su peculiar olor, tan especial y carismático, como lo fue la vida del santo que le da nombre, nos aporta una protección total contra cualquier trabajo de

brujería que nos quieran hacer (siempre que sea negativo, ya que, pese a los que algunos piensan, existen trabajos brujeriles que son positivos).

### Aborrecedera

Como bien nos indica su nombre, se utiliza para que nos aborrezca gente que deseamos tener muy lejos, y que se olviden de nosotros. También sirve para aborrecer a una persona a la que queramos sacar de nuestra mente y nos cueste hacerlo.

### Sándalo

Este aroma maravilloso y típicamente espiritual nos ayuda, y mucho, a ahuyentar las fuerzas negativas que nos rodean. También puede predisponernos al éxito y aportarnos, si lo quemamos regularmente, protección y éxito para las personas que amamos y que nos rodean.

**Sándalo**

### Sangre de Dragón

Nos aporta generalmente protección, fuerza espiritual y amor. Algo muy importante que hay que tener en cuenta es que no debemos usarlo más de un mes seguido. Si lo necesitamos por más tiempo, tenemos que dejar una semana de descanso entre las diferentes quemas.

**Atado de Sangre de Dragón**

### Abrecaminos

Es también conocido por mucha gente como incienso de Eleggua.

Nos ayuda a desatrancar y vencer temas bloqueados o caminos que creemos cerrados. Es, sin duda, uno de los inciensos más sincréticos que existen, ya que, se utiliza con distintos nombres en diferentes culturas y religiones.

### Alcanfor

Este curioso y, últimamente, muy usado incienso de peculiar aroma nos ayuda a conseguir todo tipo de limpieza y protección. A nivel muy personal, aconsejo no usarlo frecuentemente si tenemos en casa niños muy pequeños. No olvidemos el poder "limpiador-arrasador" que puede tener el alcanfor (cuidado con ciertas importaciones orientales que de alcanfor no tienen más que el nombre en las cajas).[10]

**Alcanfor natural**

### Eucalipto

Este aroma, de origen australiano (algo muy poco conocido), nos purifica interior y exteriormente, y nos induce e introduce en una profunda relajación.

Puede ser usado, y con grandes beneficios, en sesiones de yoga y meditación trascendental e, in-

---

10    Para profundizar en este tema, recomiendo los libros *Rituales prácticos para la magia casera*, editado por G. Ediciones y del que es autora Mery Meyer, y en esta misma colección *Rituales mágicos: Guía para hacer rituales con velas, tintas y otros elementos de poder* (Editorial Plutón, 2023).

cluso hay algunas personas que lo utilizan en sus prácticas de las técnicas del taichí chuán.

**Planta de eucalipto**

## Limpia Hogar

Normalmente utilizado como su nombre indica para limpiar la casa y negocios de malas vibraciones y energías negativas, es mucho menos potente en estos casos, que quemar las verdaderamente poderosas y expeditivas hierbas de color negro que se comercializan como "hierbas limpia hogar y negocio" y que llevan incorporadas (en caso de no llevarlas no son las verdaderas) sus indicaciones y una oración específica. El incienso es más barato, aunque, en este caso, las oscuras y duras hierbas son mucho más rápidas y expeditivas.

### Ven a mí

Uno de los más usados en casi todos los países, se utiliza, como es fácil de suponer por su nombre, para atraer a la persona amada. Algunos profesionales de la magia hablan mal o desaconsejan este incienso, ya que, según aseguran, "obliga" a volver a una persona que tal vez no lo desea. Allá cada cual en utilizarlo o no, lo que sí tenemos seguro es que, en ocasiones necesitamos recuperar a una persona y, estamos dispuestos a todo lo que sea necesario. Queda al libre albedrío del lector o lectora el utilizarlo.

### Verbena

De poderes muy relajantes, induce a una profunda relajación y si se usa con frecuencia puede aportarnos paz interior, algo que, muchos sabemos por experiencia, en ciertas ocasiones es muy necesario para el día a día tan convulso que vivimos en la actualidad.

### Rompe Camisas

Bastante desconocido en España hasta hace pocos años, y llegado de algunos países de Hispanoamérica, más concretamente de Mesoamérica, se utiliza para deshacer cualquier trabajo de magia o brujería (que no es lo mismo) que nos hayan hecho nuestros enemigos o bien lo hayan encargado a algún profesional de la magia negativa.[11]

### Rompezarahuey

Bastante difícil de encontrar hasta hace pocos años, actualmente está muy de moda.

Se utiliza principalmente para alejar cualquier tipo de mala suerte, o sea lo que en algunos sectores esotéricos es denominado *"serradillo"* (cenizo, gafe, roselló, gafado, depende de cada país o territorio).

### Rompe Amarres

Uno de los más vendidos en la actualidad en España, se usa para separarnos o alejarnos de personas que nos tienen amarrados, sin nosotros quererlo realmente, y se creen que somos de su propiedad.

Nos puede liberar de muchas ataduras indeseadas.

Muy aconsejable para personas que deseen ser y vivir realmente libres de todo y de todos.

### Pazote

Bastante exótico y llegado a nuestras tierras hace relativamente pocos años, se utiliza para despojarnos y purificarnos por fuera y por dentro de las malas energías, principalmente de tipo sentimental y emocional; en algunos casos graves y

---

11　Para profundizar en el tema, consulta el libro titulado *Diario íntimo de una bruja*, publicado en esta misma colección (2023).

muy serios, que hasta nos parecen poseer, anulando nuestra propia voluntad.

Hasta aquí esta lista que creo bastante completa de las varillas más usadas actualmente en nuestras latitudes.

Reconozco, y me hago responsable de la eliminación en este listado de unas pocas varillas que, aunque, desgraciadamente bajo mi punto de vista, son bastante usadas, tienen como finalidad hacer el mal, dañar a otras personas o, directamente están vinculadas al camino siniestro de la magia negra, del culto al diablo o las fuerzas negras.

Por ejemplo, no he hecho referencia alguna al "incienso póstumo" utilizado para invocaciones vampíricas o de necromancia, o el "Tú eres mi señor" dedicado al culto al diablo.[12]

---

[12] En nuestro recorrido por las ciudades mencionadas en este capítulo para elaborar este listado de inciensos visitamos, casi por error, tres comercios especializados en el esoterismo más "negro" o, directamente dedicados a la magia negra, el vampirismo —sobre este tema ver el libro publicado por esta misma editorial *Vampiros, el oscuro mundo de los no muertos* de Miguel Aracil, máxima autoridad de la temática en lengua española.

## AROMAS QUE SE POTENCIAN O INTERACTÚAN ENTRE ELLOS PARA BIEN O PARA MAL

*En el misterioso mundo del esoterismo*
*y la magia existen combinaciones de elementos,*
*sean los que sean, que no siempre pueden ser beneficiosos,*
*más bien alguna vez pueden darnos algún disgusto.*
*JUAN MUÑOZ, Profesor Lester.*

Una cosa poco sabida y apenas tratada en libros que hablan de incienso es que, algunos olores de incienso concretos se pueden llegar a potenciar entre ellos si los quemamos a los dos juntos.

Tuve conocimiento de este curioso tema durante la asistencia a un simposio de varios días sobre la magia y los inciensos, que se celebró hace años en la fría, y con frecuencia llena de niebla, ciudad belga de Charleroi.

Tras experimentarlo personalmente puedo afirmar que esta potencialización es real y se nota a los pocos minutos de probarla.

Algunos olores, al fusionarse los humos por quemarse juntos, y por razones que reconozco no saber el por qué, potencian de una manera muy clara sus efectos sobre nosotros.

Aquellos días tomé notas de lo que me contaban para poderlo experimentar personalmente y comprobar si era real. Y, repito de nuevo, lo puedo asegurar.

Voy a referir en este capítulo solo aquellos que podemos encontrar en nuestras latitudes, ya que, recuerdo algunos nombres de inciensos que, ni he podido encontrar en España, tan siquiera en algunos viajes a varios países de Iberoamérica, ni nadie me ha sabido dar razones de ellos. Por ejemplo, los que allí denominaban varillas de "racanabaciec" o "fransuafotuda".

En este mismo capítulo, voy a comentar que, de la misma manera que me explicaron qué aromas al combinarse se potencian para bien, existen unos pocos en que ocurre todo lo contrario, y que jamás se deben quemar juntos, pues nos pueden provocar unos efectos muy poco o nada agradables.

Vamos primero con los positivos y totalmente recomendados y, para facilitarle al lector su localización en tiendas especializadas de nuestro país, voy a ceñirme solo a los que podemos encontrar:

Lluvia de Oro - Fresa
Atrae Dinero - Aloe Vera
Rosa - Sangre de Dragón
Sándalo - Limpia Hogar
Niño Jesús - Eucalipto
Meditación - Alcanfor
Palo Santo - Opium
Verbena - Abrecaminos
Lavanda - Lluvia de Plata
San Cipriano - Espanta Espíritus

María Desatrancadera - Volteo
Ruda - Jazmín
Uva - Madre Selva
San Jorge - Violeta

Una vez presentados los que sin duda potencian los olores y virtudes, voy a referir a continuación unos pocos que me indicaron, y como es lógico también he comprobado personalmente, pueden ocasionarnos algunos efectos poco agradables, empezando, como primer síntoma, con dolores de cabeza y, en ocasiones, visiones poco amables y menos agradables (recomiendo no probarlos juntos).

Ruda - Roza Mezquida (no confundir con el olor a rosa clásico)
Verbena - Hierba de San Pedro
Hierba Mariana - Flor de Santa Rita
Coco - Prudencia
Hierba Maribelius[13] - Paz en el Hogar

---

13 Este producto, que se le conoce con distintos nombres dependiendo de la zona geográfica, está ahora prácticamente prohibido, por ser usado, principalmente por algunas mujeres, para algo muy poco agradable y que, realmente pertenece a un campo médico muy especializado y femenino, no al esotérico. Algo parecido a lo que también ocurrió en España hace unos años al quedar prohibida (y castigada) la venta de guayuros, tras comprobarse que algunas mujeres de ciertos países los utilizaban para algo muy diferente a la magia ni a nada que podamos definir como "bueno" o "positivo" y que entraba de pleno en el intrusismo médico; al menos en España.

Narcisocornudo[14] - Paz Tengas
Tomeus - Verbena

He pensado que, añadir este pequeño capítulo, sobre un tema tan poco trillado como es el efecto de combinar dos inciensos distintos, podía ser un buen servicio para el lector que, por la razón que sea, no los conocía.

En muchas ocasiones, en los trabajos o actividades de magia casera, pensamos que estamos haciendo algo positivo y, por desgracia y sin saberlo, nos encontramos con todo lo contrario.

Espero que el lector o lectora tome nota, al igual que hice yo hace bastantes años durante varios helados y lluviosos días en la ciudad valona, la cual, en aquellos tiempos y debido a un gran flujo migratorio, se convirtió durante un corto periodo en una especie de pequeña Praga (considerada esta bella ciudad centroeuropea durante siglos como la capital de la magia y la cábala de toda Europa).

---

14    Muy parecida en aspecto y olor (más bien poco agradable si está fresca y húmeda) a la "natiputa", pero de tamaño algo mayor.

## Incienso katar, catares, cátaro

*Quien confunde, ni sabe, ni enseña, ni entiende él mismo*
*lo que dice. Si en esta vida confundes las cosas, mejor calla,*
*aprende y no intentes dar lecciones a los demás.*
*Dicho popular de algunas tribus nativas de la región de los*
*Grandes Lagos de los Estados Unidos.*

Pienso que era necesario en un libro monográfico sobre inciensos dedicar un capítulo, aunque sea de poca extensión, a dar a conocer las diferencias, muchas veces desconocidas por la gente, entre una serie de inciensos que, alguno muy utilizado en rituales tanto mágicos como de las religiones oficiales, pueden ser confundidos (y no es raro que suceda) por su parecido nominal.

Quizá el incienso religioso más usado y conocido es el que se denomina "katar", también conocido por muchos como "incienso de Jerusalén".

Este antiquísimo incienso, que se utiliza mucho en ceremonias religiosas, se presenta a la venta en sobres color crema, con su peculiar símbolo y, es tanto usado en una misa católica u ortodoxa como en ciertas ceremonias de purificación realizadas por distintas escuelas y ramas del mundo esotérico.

Su peculiar aroma, que mi estimada profesora madame Yolanda, a quien va dedicado este libro, definía como "olor a misa", es uno de los inciensos más usados a nivel mundial, aunque podemos afirmar con toda seguridad que, en algunas zonas le cambian el nombre.

**Incensario religioso**

Hace años, un sacerdote católico de origen italiano (ciudad de Pescara) me aseguró que este incienso en concreto es uno de los más utilizados por el propio Vaticano para sus ceremonias religiosas.

No puedo dar fe de que sea verdad, aunque si lo dijo un sacerdote que había estado en diversas ocasiones en tan santo lugar debe serlo.

Los "catares" son inciensos artesanales que fabrica normalmente la gente que habita las montañas y zonas agrestes, algunos sacerdotes rurales incluidos, con las resinas que ellos mismos recogen de ciertos árboles y algunas hojas muy secas de algunas plantas concretas (Flor de Santa Rita, por ejemplo) que ellos conocen y saben que son aromáticas cuando se secan.

Normalmente no los comercializan y son para uso propio, aunque he visto en diversos mercadillos de pueblo y ferias locales, como en algunos estands o paradas los venden (a precios bastante prohibitivos en ocasiones).

Si les preguntas para qué sirven estos inciensos elaborados de forma totalmente artesanal, puedes recibir diversas explicaciones (hablo por experiencia propia). Creerlas o no queda ya a la buena voluntad de quien los compra.

Finalmente, tenemos el "incienso cátaro" que, según algunos estudiosos, era el que hacían servir en sus peculiares y heréticas ceremonias religiosas los seguidores de la famosa herejía medieval (siglos XII-XIV) mal llamada por muchos "albigense", y cuyo verdadero nombre era catarismo[15] o religión de los *bons homes* ("buenos hombres").

Dicho incienso "cátaro" principalmente he visto que lo venden en algunos mercadillos occitanos, región montañosa donde se ubicó con más fuerza dicha herejía, situada en la actual Francia meridional y en la zona también francesa de Pau. Asimismo, lo he visto a la venta en algunas paradas de mercadillos neomedievales, tan de moda desde hace unos años, algunos de ellos dedicados al catarismo, en zonas del Pirineo catalán y aragonés.

15      Para saber más sobre los cátaros, su herejía, creencias y andanzas por nuestra tierra, recomiendo ver el libro sobre el tema del escritor Miguel G. Aracil, editado por Editorial Bastet.

Sobre su verdadera composición solo tenemos alguna ligera referencia por un investigador del tema, el occitano Roger Delport, que hace décadas nos aseguró que estaba elaborado con resinas de árboles recogidas por ellos mismos, a las que añadían algunas semillas muy machacadas (muy parecidas por su olor al oriental sésamo). Y que se utilizaba en algunas de sus ceremonias, aunque no en todas y nunca en las principales (la "endura" y otras similares).

Por el parecido de los tres nombres, katar, catares y cátaros, algunas personas incurren frecuentemente en el error de querer adquirir uno y acabar comprando otro distinto.

## CÓMO ELABORAR NUESTRO PROPIO INCIENSO ARTESANAL

Si bien son cada vez son más las personas de todas las edades y sexos que adquieren en tiendas y comercios especializados inciensos, sea en grano, cono o en varillas, también es verdad que, así mismo son muchas las que fabrican por su cuenta ciertos inciensos, principalmente en grano, los ya mencionados "inciensos naturales".

En este capítulo voy a comentar cómo hacer algunos de ellos con productos naturales que sean fáciles de conseguir por nuestros propios medios.

EL LIBRO DE LOS INCIENSOS

### Incienso de la abuela

Cogeremos un buen puñado de ruda muy seca (al menos debe de llevar tres meses dejada a secar) y bien picada o machacada.

Seguidamente, recogeremos otro puñado de resinas de cualquier tipo de árbol, tipo pino o picea (cuidado con no dañar al árbol, pues se trata de un ser vivo), y, una vez hayamos hecho casi polvo las resinas, por ejemplo, en un almirez de piedra, mármol o metálico[16] lo mezclaremos con la ruda triturada.

Luego cogeremos un buen puñado, casi el doble que la ruda, de siempreviva, esa planta que de joven da tan bonito color dorado a los terrenos, y lo mezclaremos todo muy bien, poniendo sobre ello unas gotitas, muy pocas, de aceite de mirra y, tras mezclarlo todo bien, lo dejaremos secar una semana.

Pasados los siete días y estando todo muy seco y aromático, lo volveremos a machacar.

Una vez hecho, ya tendremos uno de los famosos inciensos de la abuela que, en sus diversas versiones utilizaban (y en algunos casos siguen haciéndolo) gente que vive en plena naturaleza, casas de campo aisladas o algunos pueblos y aldeas de distintos puntos de la Europa Occidental.

En general, dicha gente lo utiliza para purificar tanto sus hogares como, en ocasiones, las distintas edificaciones que tienen para cuidar el ganado o guardar los alimentos no perecederos.

16 Para más información, puedes consultar el libro *El atelier del mago y la bruja*, publicado por Editorial Plutón en esta misma colección.

### Incienso de la Madre Tierra

Este clásico incienso natural es casi con toda seguridad herencia de los que elaboraban las mujeres de las culturas (en plural) celtas[17] que habitaron diversas zonas de Europa, y una gran parte del norte peninsular español.

Elaborado como ya es habitual con todo tipo de productos del bosque o los campos que tenían cerca, se realiza de la siguiente manera: se coge un buen puñado de hierbas o "Flor de Santa Rita", muy seca, eso es importante (todavía hoy en algunas zonas a este planta se le conoce como "flor celta"), otro puñado de hierbas del Santo Sepulcro (los celtas la llamaban "hierbas de Lug") también muy secas, y, se le añaden un gran puñado de lo que actualmente se conoce como "Flor de San Pancracio" y que es de la familia de las plantas denominadas "sanguinarias", las cuales dan su peculiar y bonito color blanco (algunos le llaman también la "Flor de la Luna", por su cromatismo) a ciertas cunetas y campos sin árboles a final de la primavera y principios del verano.

Una vez todo mezclado le añadiremos, muy picado y machacado, unas cucharadas de resina de pino y, una pequeña porción, también muy machacada, hasta hacerlo casi polvo, de piñas (es su negro fruto, en realidad) de los cipreses.

17    Para saber más sobre la cultura de los celtas, puedes consultar el libro sobre este tema publicado por esta misma editorial.

Cuando esté todo mezclado, añadiremos unas pocas gotas (muy pocas) de aceite de muérdago y, dejaremos secar una semana.

Pasados los siete días, ya podemos disponer de este incienso natural, que se utiliza para alejar las malas vibraciones y energías negativas de nuestros hogares, haciendo con ellos algo similar al famoso y ancestral "salpás"[18], quemando en cada puerta o ventana de nuestra casa (o negocio, si es el caso) un puñado y, dejando sus cenizas allí hasta que desaparezcan por su cuenta.

### Incienso paz y armonía

Pondremos en un almirez, mortero o algo similar, varias cucharadas soperas de "Lágrimas de Balaal" totalmente secas (se verá fácilmente si están realmente secas pues se ponen muy negras y son quebradizas si las aprietas ligeramente con los dedos). Las machacaremos hasta hacerlas polvo.

Seguidamente, las mezclaremos con un pequeño puñado de ruda muy seca y la misma cantidad de muérdago.

Una vez todo mezclado, añadiremos bastante resina de picea o de abeto, pino o raspaduras (si la tenemos a mano es lo mejor en este paso) de corteza de abedul (quema mucho y rápido, dejando un aroma neutro y agradable).

---

18    Sobre las fiestas, creencias, ceremonias y costumbres mágicas, recomiendo el libro *Costumario de la Cataluña mágica* de Editorial Marré (Barcelona).

Hasta aquí, aunque podríamos hablar de decenas de inciensos naturales que podemos hacernos, dependiendo de la zona donde vivimos, la manera de fabricar nuestros propios inciensos con los materiales naturales que tenemos cerca.

Desgraciadamente, no existe, que se sepa, en español, un verdadero vademécum de los distintos inciensos naturales que podemos elaborar y qué es lo que lleva cada uno, aunque sabemos que, en alemán, finés y danés, por ser zonas muy boscosas, sí que los hay.

# Los más célebres y sagrados
## inciensos de la historia

*Existieran o no, fueran personajes reales o no, los Reyes*
*Magos han sido los personajes más mágicos para millones*
*de niños desde hace siglos. Solo por esa razón ya merecen ser*
*considerados como los máximos exponentes de lo que es magia,*
*en el sentido de ayudarnos a ser un poco más felices.*
*ENRIQUE A. MOZAS (1902-1961), filósofo, pensador*
*y viajero incansable por los mundos mágicos.*

En un libro que versa sobre inciensos sería casi "pecado", si se me permite la expresión, olvidar a los Reyes Magos, los que más papeles y libros ha llenado, por su sacralidad y su historia, sea real o, tal vez para algunos, manipulada o quizá inventada.

En el famoso evangelio canónico de Mateo, al igual que en otros evangelios de los conocidos popularmente como apócrifos (no reconocidos por la Iglesia) y en antiquísimas leyendas orientales, se asegura que los Reyes Magos de Oriente llevaron como ofrenda al hijo de la Virgen María tres regalos muy distintos entre sí: oro, incienso y mirra.

Actualmente, ya consideramos la mirra como un incienso más, aunque, en aquellos tiempos a nivel mágico, sagrado, simbólico y religioso se consideraran totalmente distintos.

Hasta aquí todos o casi todos los estudiosos han estado de acuerdo y han aceptado como reales dichos obsequios. Por lo menos es lo que asegura la Iglesia hace siglos.

El problema empieza a la hora de dar un significado simbólico a cada uno de estos productos.

Este desacuerdo dependió y sigue dependiendo, en la mayoría de los casos, del origen geográfico de los estudiosos que han abordado.

### El oro

Si bien es verdad que a la hora de reconocer que el oro, el rey de los metales preciosos, simboliza la esencia divina de Jesucristo como Rey absoluto del universo, algunos autores, tanto de los primeros y turbulentos tiempos del cristianismo primitivo como en la actualidad, relacionan también este preciado metal con un culto directamente solar. No olvidemos que el cristianismo es un culto solar, al igual que el islam lo es lunar.

El siempre deseado oro ha sido para muchos el metal que mejor define la gloria del Sol, el Astro Rey.

No son escasos los estudiosos e investigadores de distintas ideologías y escuelas que han visto en Jesucristo el renacimiento enmascarado de un nuevo culto solar, opuesto al judaísmo. Al igual que a Zoroastro al que algunos autores denominan desde hace milenios el "hijo de la luz".

### El incienso

Muy pocas son las religiones antiguas o modernas que no han visto en los distintos inciensos (y también en los exóticos sahumerios tan de moda actualmente) la mejor manera de alabar a la divinidad, así como de purificar el lugar de culto.

Sobre este regalo u ofrenda que se le hace al niño Jesús, los reconocidos estudiosos Alfredo Cattabiani y Manfred Wolfeng ven dos posibles simbologías distintas.

La más ortodoxa es la que habla del homenaje al Dios Todo Poderoso; aunque también dicen ver la existencia de una más esotérica, en la que se le ofrece el oloroso producto como símbolo de reconocimiento al que será el día de mañana el Cristo-Sacerdote, que con su sacrificio vital se pondrá como trámite entre el Dios Padre y los seres humanos.

### La mirra

Aunque, actualmente, considerado como un incienso más por casi todo el mundo, es precisamente ante este regalo en concreto donde existe una verdadera divergencia de opiniones entre los estudiosos e investigadores, tanto antiguos como en algunos casos actuales.

Esta divergencia proviene, sin duda, de los anteriores cultos que se daban en cada región. Siendo en muchas ocasiones muy distintos los orientales de los practicados en territorios occidentales.

Así nos encontramos que, para una gran mayoría de autores y estudiosos de Occidente, la mirra prefigura en concreto la pasión y posterior lacerante y cruel muerte en la cruz de Jesús de Nazaret.

Para defender su teoría, recurren al pasaje del evangelio de San Juan donde el discípulo de Cristo explica que el Nazareno fue sepultado con mirra y aloe.

Sobre dicha divergencia, el pensador tarraconense Prudencio, que vivió a caballo entre los siglos IV y V, asegura que "el polvo de la mirra preanuncia el sepulcro".

Cuando el debate sobre su significado entre occidentales y orientales parecía que podía traer algunos problemas, algo muy cotidiano (e incluso peligroso o bélico) en los primeros siglos del cristianismo, cuando un detalle por nimio que fuera podía suponer un pequeño cisma y disidencias entre aquellos variopintos grupos, aparece la poderosa y carismática figura del toscano León Magno o el Grande (390-461), que subió a los altares después de un fecundo papado (440-461) el cual pontificó:

*Ofrecieron el incienso al Dios, la mirra al hombre, el oro al rey, venerando conscientemente la unión de la naturaleza divina y de la humana, porque Cristo, aun estando en las propiedades de las dos naturalezas, no estaba dividido en el poder.*

Esta aseveración parece que no acabó de convencer a los cristianos orientales, que veían en la mirra algo muy distinto, sin duda debido al recuerdo muy vivo todavía de antiguos cultos.

Para la mayoría de los autores antiguos orientales, y aun hoy para algunos pocos armenios y coptos, la mirra era el sagrado y simbólico atributo a Cristo como sabio y taumaturgo.

Esta creencia oriental quedó patente en el texto conocido como *Milione*, supuestamente escrito en la exótica lengua uigur (un dialecto altáico) y en menor medida en algunas versiones del misterioso libro *La caverna de los tesoros*.

El hecho de que a Jesús muchos autores orientales lo consideraran también como un sabio y taumatúrgico proviene, sin duda, tal como asegura Cattabiani, de la creencia que desde los babilonios a los zoroástricos (seguidores de Zoroastro y su dualismo) se tenía de los seres superiores que habían llegado al mundo como salvadores de los hombres. Y Jesús era, sin duda alguna, el Salvador por excelencia.

Sin duda, en un libro que habla casi monográficamente de inciensos, había que mencionar estos que han sido mundialmente famosos desde hace casi dos mil años, aunque, actualmente, solo conocemos por fuentes que no siempre pueden ser consideradas excesivamente fiables, y más bien son simbólico-religiosas.

## Inciensos o sahumerios, la eterna polémica

Existe desde siempre la gran polémica sobre si son lo mismo o elementos distintos los inciensos y los sahumerios.

Voy a intentar aclarar, bajo mi punto de vista personal y profesional, que, sin duda no coincide con el de otras personas, algo sobre el tema.

Ante todo, voy a recurrir al tema semántico y, como no puede ser de otra manera, veremos lo que dicen los profesionales académicos del lenguaje.

Ante la habitual discrepancia habitual sobre el hecho de que sahumerio se emplee como sinónimo de incienso, veamos qué dice la RAE (Real Academia Española):

> *Un incienso es una combinación de elementos resinosos que emanan una fragancia agradable al quemarse. Esto quiere decir que los inciensos, efectivamente, son sahumerios (se emplean para sahumar).*

Y nosotros, que no somos profesionales del lenguaje, pero sí que conocemos lo que piensan muchos profesionales y ritualistas, añadiremos que existen algunos sahumerios que, a diferencia de los inciensos, llevan en su composición algunas sustancias que los hacen diferentes, por lo cual, al menos esos en concreto, deben de ser diferenciados.

Voy a poner algunos ejemplos concretos sobre los cada vez más populares y usados sahumerios "gold", basándonos en los que en los últimos años muchos profesionales denominan "sahumerios amarillos" debido a que, siendo todos artesanales, normalmente se sirven o venden en pequeños paquetitos siempre de dicho color, el amarillo o dorado, por ser el color del Astro Rey, el Sol, y todos llevan en su composición una mínima parte de carbón vegetal de encina o roble muy machacado (apenas podemos verlo a simple vista) y, alguna hierba omnipresente en todos ellos, que, aunque cortada tan pequeña que en ocasiones apenas podemos ver, han conseguido ser considerados por muchos como algo distintos a los habituales inciensos, aunque todos sirvan para "sahumar".

A continuación, presentaré un pequeño, pero creo que completo listado de los más populares y vendidos, al menos en España y en algunos países de Iberoamérica (varios de ellos pertenecen directamente al campo de la santería, culto importado a tierras españolas desde hace algunas décadas por personas llegadas de Venezuela y de Cuba, añadiendo un sucinto comentario sobre sus cualidades y para qué se utilizan.

### 7 Potencias

Activa las potencias ocultas que el ser humano

guarda en su interior. Asímismo ayuda a aumentar, el valor, la autoestima, el poder interior, la fuerza, la armonía, la protección y la suerte. Es uno de los más usados en la actualidad por mucha gente que lo necesita.

### Aborrecedera

Aleja a nuestros enemigos, y, si es necesario a un novio o examante peligroso. Separa parejas, por lo que hay que recordar que su uso es algo muy personal y se debe de pensar muy bien si lo vamos a utilizar.

### Eleggua

Nos ayudará a abrir caminos, de ahí el nombre por el que también se le conoce, "Abrecaminos". También es usado para vencer obstáculos y superar etapas más o menos largas de bloqueo mental.

### Espanta Mavita

Se utiliza siempre para combatir y poder vencer las distintas negatividades que puedan acecharnos, tanto las llamadas exógenas o exteriores, como las endógenas, o sea las que llevamos en nuestro interior.

### Levanta Negocios

Como su nombre nos indica, su función está muy clara y bien definida. Válido tanto para negocios que acaban de empezar o pronto inauguraremos, como para superar malas rachas en negocios o empresas que estén atravesando un mal momento, algo desgraciadamente muy habitual en estos tiempos de inseguridad social, laboral y empresarial.

### Pomba Gira

Es un clásico potenciador psicosensual y se utiliza para todo lo relacionado con el amor y la sexualidad, se trate del sexo que se trate, sin excluir ningún género o tendencia.

### Rechazadaños

Es muy usado en los negativos, vengativos y cainitas tiempos que en que vivimos. Actualmente es muy difícil no tener ningún enemigo, por pequeño que sea (o nos creemos que sea).

Se utiliza precisamente para vencer a nuestros enemigos y rechazar todo lo malo que nos quieran hacer.

Incluso algunas personas lo hacen servir combinado con ciertas hierbas conocidas como "natiputas" o el terrible "narciso-cornudo", y de las que preferimos no hablar por sus nefastas y crueles cualidades, ya que, habitualmente combinadas se usan para devolver por triplicado el daño que alguien, sea quien sea, nos desea en ese momento o desde hace tiempo.

### Rompe Amarres

Los amarres están muy de moda, pero a veces

también se tiene la necesidad de romperlos, pues no los deseamos. Este poderoso producto nos ayuda a alejarnos de aquello que nos tiene amarrados contra nuestra voluntad.

### Rompe Camisa

¿Crees ser víctima de un trabajo de magia negativa o santería siniestra? Este incienso te ayudará a deshacerlo. No lo uses en demasía si puedes evitarlo. Pero llegado el caso, no temas en hacerlo si notas que, el "trabajito" que te están haciendo es muy fuerte.

### Rompe Celos

Sirve para ayudar a terminar con los insufribles celos de nuestra pareja, amistad, o incluso de otra relación familiar. Los celos conllevan otros factores mucho más negativos que nacen de una celosía patológica.

### Rompe Maldiciones

Como su nombre claramente indica, nos ayuda a acabar, destruir, todo tipo de maldiciones que podamos creer que nos están haciendo nuestros enemigos. Puedo asegurar que, cuando somos víctimas de una maldición, en ocasiones puede ser muy poderosa y casi siempre peligrosa para nosotros, nuestros seres queridos y hasta nuestro mundo laboral y económico, lo notamos y mucho.[19]

---

19    Para saber más sobre este tema de las maldiciones, re-

### Rompezarahuey

Se utiliza para alejar las vibraciones negativas y la mala suerte que entorpecen los asuntos de las personas en momentos muy puntuales. Por ejemplo, una situación que nos desborda y que nos bloquea. También cuando sin que exista una razón o explicación racional, estamos atravesando una constante y larga temporada de mala racha.

### San Cipriano

Un clásico que yos ayudará a romper el fastidioso y en ocasiones peligroso "mal de ojo" y otras negatividades que creamos que nos han hecho o están haciendo.

En este caso, antes de pensar que nos están haciendo un "mal de ojo", debemos de tener muy seguro que sea así, y no se trate de una simple mala racha, en cuyo caso hay otros sahumerios más indicados que también he comentado.

### Jose Gregorio

De origen hispanoamericano, se utiliza para todo lo relacionado con la salud, tanto si por suerte la tenemos bien, como para que nos dure y no nos afecte enfermedad grave alguna. En caso de estar enfermos, puede ser utilizado para que nos ayude a encontrarnos mejor.

---

comiendo leer el *best seller* titulado *El gran libro de las maldiciones*, publicado en esta misma editorial, aunque en otra colección.

## Siete-Machos

Este curioso sahumerio, que parece ser que tuvo un origen africano y de allí pasó a tierras americanas, atrae la protección, las buenas vibraciones; así como el amor (sentimental o sensual y apasionado) y en muchos casos la prosperidad.

## Suerte Rápida

Utilizado siempre para las invocaciones que tienen como proyecto atraer buena suerte. En caso de que ya la tengamos, pero notamos que últimamente "algo está cambiando" (lógicamente para mal) también sirve para que no nos abandone.

## Todo Fortuna

Es también uno de los más usados, nos ayuda a purificar el ambiente para atraer la fortuna a nuestra vida (recordemos que la fortuna no hace solo referencia al dinero).

## Trabajotenga

En unos tiempos en los que, al igual que tener un amigo, el que tiene un buen trabajo tiene un tesoro (según asegura el famoso refrán español), este producto nos puede ayudar a encontrar un trabajo digno (otra cosa distinta es trabajar como un esclavo por cuatro monedas) y también, si vemos o tememos algún peligro laboral, mantener el actual, cosa siempre de agradecer en épocas de dificultad o inestabilidad laboral como la actual.

### Vencedora

Su nombre ya nos indica su función primordial, nos ayuda a vencer las situaciones difíciles y a triunfar en la vida, tanto a nivel personal, como sentimental, laboral o, llegado el caso, ante cualquier desafío, por fuerte que este sea, que se nos presente en la vida.

### Desatrancadera

Su nombre lo dice todo; ayuda a vencer situaciones difíciles y a triunfar en distintos desafíos de la vida, aunque, en este caso no en lo concerniente a los problemas laborales. Para eso hay otros distintos que sirven y que ya he mencionado.

### Espanta Diablo

Aunque mejor no usarlo, se utiliza para romper hechizos, combatir y alejar de nosotros y de nuestros seres queridos cualquier tipo de espíritus maléficos, menos los relacionados con la magia póstuma[20], y en general para alejar negatividades superiores que nos puedan afectar y dañar en cualquier sentido.

### Nadie Me Domina

Su objetivo consiste en no ser dominados por nadie. Son muchas las personas que, en ocasiones in-

---

[20] Ver *Vampiros, el oscuro mundo de los no-muertos* publicado en esta misma colección. Considerado por muchos como el mejor libro de vampiros, o sea de la magia póstuma, escrito en español.

cluso de forma involuntaria, nos dominan y hacen de nuestra existencia un camino de espinas. Con este sahumerio intentaremos evitar que ello suceda y que, podamos ser libres y guiarnos por la vida por nuestro propio albedrío.

# Los inciensos y
## los signos zodiacales

El humo del incienso asciende hacia arriba, asciende a los cielos.

No es entonces de extrañar que muchos estudiosos hayan querido buscar algún tipo de relación entre ciertos inciensos muy concretos y los famosos doce signos zodiacales.

Como en todo lo que al mundo esotérico corresponde y hace referencia, no hay una sola versión, ya que existen muchas. Quizá haya tantas como estudiosos se han interesado en el tema.

En este libro daré mi propia versión-relación, basándome en los estudios de una de las más importantes escuelas de astrología-magia-cábala que conocí en tierras marsellesas.

Aunque no estamos ante un libro de astrología, he querido añadir la relación entre cada signo zodiacal y su incienso correspondiente, algunas características, virtudes, y también algún defecto de cada signo, según la escuela antes mencionada.

## Aries
## (21 de marzo - 19 de abril)

### Incienso de sándalo
Contiene energía y pasión por lo que hace. En ocasiones demasiado testarudo, es firme en su ca-

mino por la vida. Pocas cosas le detienen cuando decide emprender una empresa o proyecto.

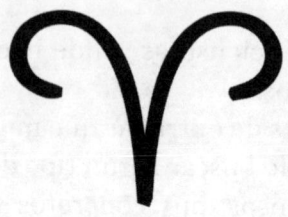

## TAURO
### (20 DE ABRIL - 20 DE MAYO)

**Incienso de mirra**

Destaca por su gran energía física y también en lo sensual y en el bienestar general del que goza a nivel físico. Valiente, aunque en ocasiones demasiado pasional, lo que le puede llevar a tener serios disgustos con los demás. En ocasiones se lanza antes de pensar.

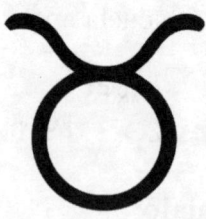

## GÉMINIS
## (21 DE MAYO - 20 DE JUNIO)

**Incienso de rosa (mejor de Alejandría)**
Inteligencia, vivacidad y energías para enfrentar los problemas. Es difícil de tener amistad con este signo, pero cuando se ofrece, la confiere para siempre, ya que es leal.

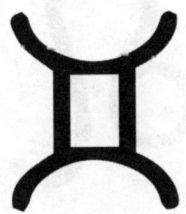

## CÁNCER
## (21 DE JUNIO - 22 DE JULIO)

**Incienso de lavanda o espliego**
Moderación, inteligencia y sentido común. Se trata de personas que saben lo que buscan y cómo buscarlo, y una vez lo consiguen saben darle el valor que tiene el trabajo hecho.

## LEO
## (23 DE JULIO - 22 DE AGOSTO)

**Incienso natural de pino**
Liderazgo, éxito profesional, fuerza interior y victoria. Muy bondadoso con los que estima de verdad. Persona desprendida.

## VIRGO
## (23 DE AGOSTO - 22 DE SEPTIEMBRE)

**Incienso de romero**
Purificación, nobleza de alma, generosidad, aguante ante las desgracias propias y siempre dispuesto a ayudar a los demás, sea quien sea. Excesivamente testarudo, en ocasiones hasta puede ser algo desagradable de cara a los que le rodean.

## LIBRA
### (23 DE SEPTIEMBRE - 22 DE OCTUBRE)

**Incienso de menta**
Tiene belleza interior, goza de armonía y sabe enseñar a los demás. Quien lo conoce se convierte en un ejemplo a seguir.

## ESCORPIÓN
### (23 DE OCTUBRE - 21 DE NOVIEMBRE)

**Incienso de jazmín**
Valentía, nobleza, líder nato sobre los demás. Belleza interior y exterior. Admiración de quien lo conoce. En ocasiones su nobleza, aunque tiene el carácter fuerte, puede provocar que algunos se aprovechen de él.

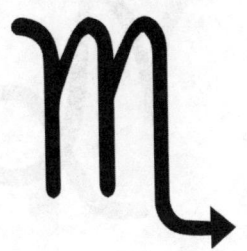

## Sagitario
## (22 de noviembre - 21 de diciembre)

### Incienso Palo Santo
Conocimiento, madurez, emprendedor de grandes proyectos, seguridad propia y convicciones que sabe defender ante quien sea, sin miedo al qué dirán.

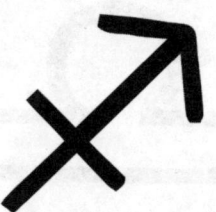

## Capricornio
## (22 de diciembre - 19 de enero)

### Incienso de laurel
Disciplinado, atrayente, indomable, justo pese a poder ser muy duro en ocasiones si es necesario. Dominante y caprichoso algunas veces.

## ACUARIO
## (20 DE ENERO - 18 DE FEBRERO)

### Incienso de muérdago
Caprichoso en ocasiones, emprendedor y de gran inteligencia. Valdrá para estudiar. Grandes proyectos que, si decide hacerlos, llevará a buen fin, si no se deja llevar por su carácter.

## PISCIS
## (19 DE FEBRERO - 20 DE MARZO)

### Incienso de eucalipto.
Ganas de ayudar a los demás, aunque en ocasiones un tanto egoísta. Noble como pocos, pero extremadamente vengativo si le hacen alguna mala pasada. Sabe personar, pero nunca olvida.

Al empezar a escribir este trabajo pensé que no podía obviar en un libro de inciensos, algo tan esotérico, pero tremendamente real (pese a sus detractores) como son, desde hace varios milenios, los signos zodiacales, que nos hacen a cada uno ser muy distinto de otras personas.

Conocer el incienso que corresponde a cada signo zodiacal es algo que, en muchas charlas y conferencias tiende a preguntar el público.

## DÓNDE Y CÓMO
## QUEMAR LOS INCIENSOS

El dónde y cómo quemar los inciensos y similares no es un tema menor.

Conocí hace años a una profesional de la videncia y la magia en tierras de Gerona que, veterana
profesional (y excelente mujer), tenía sus manías y,
con la edad, su memoria sufrió graves deterioros.

En una ocasión, en pleno caluroso verano, dejó
un puñado de incienso hecho a base de "hierbas
Santo Sepulcro" mezclado con ruda en polvo y
"lágrimas de Balaal" quemando en un precioso incensario que su hijo le había regalado hacía poco
tiempo. El incensario, hecho con dura madera de
boj, que su primogénito le había traído del Pirineo, era precioso, pero no dejaba de ser madera,
por muy buena y dura que esta fuera.

Encendió su incienso artesano con la intención
de purificar el local donde ejercía la videncia y la
magia ritualista y marchó tranquilamente a su
casa, para que se quemara mientras ella estuviera
fuera. Desde hacía muchos años lo hacía igual, pero
utilizando un incensario o "quematorio" de bronce
y otro de hueso (comprado en el Magreb) que le
regaló su esposo.

Sobre la media noche o madrugada la llamaron
para alertarla de que se veía salir humo de debajo
de la puerta de su consultorio.

Fueron su marido y ella inmediatamente al lugar y, pudieron ver horrorizados cómo el humo se había convertido en unas pequeñas llamas que ya empezaban a devorar algunos libros y figuras de madera que tenía en el consultorio.

Fue necesaria la intervención de los vecinos con cubos de agua para poder apagar aquel pequeño fuego, producido por su inocente imprudencia.

Desde entonces, jamás volvió a utilizar incensarios o quemadores de madera, y menos no estando ella presente.

Otra cosa muy distinta, aunque también estén fabricados en diversos tipos de madera, incluso de sándalo los más caros, son las llamadas "góndolas", por su forma.

Estas "góndolas" son sin duda los incensarios más utilizados tanto en los hogares como en consultorios y otros lugares.

Largos, trabajados y decorados primorosamente unos, lisos y más sencillos otros, llevan un pequeño agujero para introducir las tan populares varillas de incienso y, una vez empiezan a quemar y humear, recoger las cenizas, ya quemadas, y, por lo tanto, sin peligro, en la parte alargada que se conoce como "bañera". Estas góndolas son totalmente recomendables para quemar inciensos, siempre y cuando se trata de varillas. No de otro tipo.

Las varillas cada uno las quema según su gusto y preferencia. Por ejemplo, en mi caso tengo tres tipos de quemadores de varillas. Uno es una góndola clásica, proveniente de la India, los otros dos son pequeños quemadores llamados "testas" en italiano o "caparrós" en ciertos lugares de España, con forma de cabezas. Uno de la diosa gata Bastet, el otro, para ciertos rituales, tiene forma de cráneo, es de color negro, y fue un obsequio de una conocida médium de origen gallego.

Pero recordemos que, una cosa es quemar varillas, sean compradas en alguna feria o establecimiento especializado, sean hechas artesanalmente por nosotros mismos[21] utilizando como varilla la "milenrama", y otra cosa muy distinta son los inciensos naturales (y sahumerios "amarillos" también).

En estos casos debemos utilizar, tanto a nivel práctico como de seguridad (es importante, no lo dudemos), quemadores o incensarios de materiales que sean muy difíciles de quemar por sí solos: cerámica, barro, porcelana, piedra, bronce o los famosos, en ciertos lugares (caros y difíciles de conseguir en muchas zonas) "almireces de bartolo", que reproducen bonitos almireces árabes, aunque de pequeño tamaño. Incluso hay quien utiliza simplemente un platito o un cenicero, pero jamás de madera.

Para el tema de los conos de incienso, aconsejo los "tachines", generalmente o casi siempre de metal dorado. Depositamos en su interior el cono y

---

21    Ver el capítulo anterior referente a cómo podemos fabricar nosotros mismos ciertos inciensos naturales.

lo encendemos. Por su agujero superior irá ascendiendo el humo y son muy seguros, y hasta decorativos.

Una vez comentado cuáles son los mejores objetos o materiales para quemar inciensos y similares, pasaré a señalar, al igual que ya hice en libros anteriores[22] que siempre en la magia y los rituales esotéricos en general, debemos encender los inciensos y demás productos similares con cerillas, mejor de madera, aunque también sirven las otras. Jamás lo hagamos con encendedores de gas. Por alguna razón, quizá su componente gaseoso, puede, algo tan sencillo como utilizar un encendedor, dar al traste o menguar el poder del ritual[23] o de las propiedades naturales que posea el incienso.

---

[22]   Para más información, consulta el libro titulado *El atelier del mago y la bruja*, publicado por esta misma editorial en esta colección (2023).

[23]   *Rituales mágicos; guía para hacer rituales con velas, tintas y otros elementos mágicos*, publicado en esta misma colección. Editorial Plutón.

# Epílogo

Estimado lector o lectora, ya estamos llegando al final de este libro que has escogido (o tal vez haya sido el libro quien te ha escogido a ti) para saber algo más sobre inciensos, sahumerios y similares.

Podía haber hecho una especia de sesuda enciclopedia reseñando algunos centenares de hierbas y plantas en general que, las distintas culturas y desde la remota prehistoria han venido utilizando para elaborar sus sahumerios o sus inciensos naturales. Incluso para impresionar al lector, podría haber añadido junto a cada planta su complicado nombre científico en latín. Lo cual nos hubiera parecido una trivialidad, pero hubiera llenado páginas de extraños nombres que, al fin y al cabo, nada dirían ni al lector ni a la persona que escribe este trabajo.

Para qué iba a contar en este libro, por ejemplo, cómo y qué utilizan los aborígenes australianos para elaborar sus antiquísimos sahumerios con las exóticas plantas mágicas que tiene a mano, cuando, casi con toda seguridad no viajarás nunca a la inmensa isla continente, y, en caso de hacerlo, no creo te dediques a buscar plantas que seguramente no sabrás distinguir.

Por esa razón he intentado, y sería un placer haberlo conseguido, presentar una serie de plantas, inciensos y sahumerios que sí tenemos a manos, o, en caso contrario, los podemos encontrar en tiendas especializadas de nuestro entorno.

Mientras escribo estas líneas en concreto, se quema a mi lado una olorosa y relajante varilla de incienso de rosa, y poco antes se quemaba una de pachulí (olor no muy al gusto de todos, pues tiene sus defensores y sus detractores) apuntalados o introducidos en un pequeño incensario en forma de cabeza de gato, animal mágico donde los haya.

Cuando quien esto escribe va por los campos, se pierde por los bosques, reconozco que voy recogiendo hierbas, plantas y resinas que, tras aprender de personas que sabían muchísimo más que yo y me enseñaron (madame Yolanda, la atractiva, pese a su edad, bruja Jeanette, la bondadosa maestra Aurora, conocida por muchos como "La Santa" y algunas más) las deposito en una saquito colgante de tela de color verde que me acompaña hace décadas y, cuando sé que es necesario (en ocasiones propicio), elaboro mis propios inciensos.

Antes de seguir, quiero hacer un apunte importante. Sé que ciertas plantas, que no resinas, se deben recoger en unas fechas concretas del año, ya que es cuando mayores son sus propiedades mágicas. Aunque eso, y ruego me perdonen los lectores, se quedará para un nuevo libro.

Si los quiero en varilla, como ya he explicado anteriormente en este libro, utilizo como varilla central la siempre interesante (me atrevería a decir que no debería de faltar en cualquier "atelier" de

EL LIBRO DE LOS INCIENSOS

una persona que practica la magia) "milenrama", tan parecida a la que usan los aficionados al oráculo del I Ching (no confundir este oráculo con las tres monedas del mismo nombre, pues se trata de otro tipo de adivinación, aunque hermana de esta).

Eso no quiere decir que cada mes no adquiera algunas cajitas con varillas de incienso de unos olores concretos, y siempre en tiendas de mi total confianza y vigilando su origen.

Para terminar, quiero dejar claro que, algunas personas muy versadas en los conocimientos ocultos posiblemente echarán en falta algunos inciensos y olores que, puestos a la venta en lugares un tanto "especiales", por decirlo educadamente, se utilizan para rituales "siniestros", o sea de los del camino de la izquierda esotérica (magia negra, magia roja o, la terrible y escabrosa magia póstuma o vampírica, incluyendo todos los rituales necrománticos).[24]

Aunque conozco varios de estos productos, no está en mi mente o mi consciencia darlos a conocer en un libro. Allá cada cual con sus aficiones y lo que quiera conseguir gracias al esoterismo y los antiguamente llamados "saberes secretos" o ciencias ocultas en general y la magia en particular.

Este libro solo tiene como propósito dar a conocer al público en general algunos de los principales inciensos y sahumerios, así como algún producto similar que se usa generalmente para la magia

24    Sobre sus peligros y consecuencias, recomiendo ver el libro *Vampirismo: El oscuro mundo de los "no-muertos"*, publicado en esta misma editorial.

casera, y dar a conocer al lector o lectora que, si quiere y le interesa, puede fabricar sus propios inciensos y sahumerios.

Deseo paz, amor y saber a todo aquel que haya sido tan amable de llegar hasta el final de este libro, y que el humo de los inciensos y sahumerios, esos en ocasiones aromas sagrados, y casi siempre mágicos, los ayuden a conocer y gozar de una vida lo más positiva posible.

Barbié Lavall

# BIBLIOGRAFÍA

Dejo al lector una bibliografía escogida entre los libros que, aunque algunos estén agotados "oficialmente", se pueden todavía localizar a precios razonables.

Saltándonos el típico y clásico orden alfabético habitual en muchos libros, los he añadido pensando en la utilidad que pueden tener para los lectores.

*ABC de la brujería*. Luis Utset. Ediciones Bosch.

*Grimorio del Papa Honorio*. Varias editoriales.

*Cera de tinieblas. Memorias de una bruja*. Francisco Renedo. Editorial Librucos.

*Vudú, magia y brujería*. Douchan Gersi. Editorial Año Cero.

*Las claves de Lug*. Juan Bosch. Grupo Editorial Protusa.

*La Cataluña bruja*. Miguel G. Aracil. Editorial Bastet.

*Diccionario Infernal*. Collin de Plancy. Editorial Taber.

*Los secretos del infierno*. Anónimo. Recomiendo por su exactitud y excelente traducción el facsímil de R. Marré. Selecciones Mágicas-BCN.

*Vampiros: El oscuro mundo de los "no-muertos"*. Miguel G. Aracil. Editorial Plutón.

*El gran poder de las velas*. Bartolomé Yayo. Editorial Bera.

*El libro de los rituales mágicos*. Ramón Farragut. Dendro Ediciones.

*La magia*. Joaquín Grau. Editorial Bruguera.

*Los prodigios de la Rosa de Jericó*. Barbié Lavall. Ediciones Karma7. Distribuciones Alpha Omega.

*Magia casera súper fácil*. Ramón Plana. Ediciones Karma 7. Distribuciones Alpha Omega.

*Inciensos y otros elementos sagrados*. Giorgo Mitograu. Autoedición.

*El atelier del mago y la bruja*. Barbier Lavall. Plutón Ediciones.

*Rituales mágicos*. Barbié Lavall. Plutón Ediciones.

*Magia fácil para el ama de casa*. Paty Bravo. Alpha Omega ediciones.

*Magia y brujería práctica.* Marisa Borde-Molt. Autoedición.

*Rituales I y II.* Anónimo. Ediciones Arcanus-Líber.

*Rituales prácticos para la magia casera.* Mery Meyer. Editorial Bastet.

*Runas, el oráculo de las piedras sabias.* Mery Meyer. Editorial Bastet.

Runas y magia. Bartolomé Vazmayak. Editorial CINEB.

*Jung y el tarot.* Sallié Nichols. Editorial Kairós.

*Sacrificios y rituales.* Félix Llaugé (Mago Félix). Editorial Brugera.

*Velas de fortuna y poder.* Mery Meyer. Editorial Bastet.

*Velas de poder. Velones de fortuna.* Barbié Lavall. Grupo Editorial Protusa.

*Verdades y mentiras de la magia.* George Graus. Editorial Mito.

*Varitas mágicas y otros abalorios ritualistas.* Varios autores. Distribuciones CT Mágica.

*Misterios y enigmas de la Navidad.* Miguel G. Aracil. Plutón Ediciones.

*Libro Supremo de la Cruz de Caravaca.* Miguel G. Aracil y Joan Bosch. Protusa

*Rituales con velas.* José Luis Nuag. Distribuciones Alfaomega.

*La botica de la abuela.* Mery Meyer. Editorial Bastet.

*Costumario y calendario mágico.* Ediciones Marré (Antigua CYMIS).

*Magia y abalorios.* Anónimo. Ediciones Montero.

*Secretos de infierno* (edición facsímil). Distribuciones C.T. Mágica.

*Hierbas y remedios caseros.* Lluis Ripoll. Editorial HMB.

*Magia práctica celta.* Murry Hope. Editorial Edaf.

*Astrología y aromas sagrados.* Mery Meyer. Editorial Atalanta.

*Velas y velones para el bien.* Migùel Monti. C-T. Mágica distribuciones (preparación).

*Melquisedec y el misterio del fuego.* Manly P. Hall. Ediciones Kier.

*Liber aneguemis (Libro de las leyes),* también conocido como *El libro de la vaca* (*Liber Vaccae*), *La vaca de Platón* o en ciertos círculos como *Activarum Liber Institutionum.*

*Albanum Maleficarum.* Autor desconocido, escrito en árabe en el siglo X.

*El Picatrix.* Anónimo, escrito en el siglo XIII.

*El Heptamerón.* Pietro d'Abano, escrito hacia el año 1290.

*El manual de Múnich,* incunable del siglo XV.

*El libro blanco y negro de la alta magia.* De autor o autores desconocidos y muy difícil de poder conseguir. Últimamente corre por la red alguna edición facsímil a la venta, aunque a un precio un tanto elevado y, siempre con la duda de que sea realmente el verdadero.

# ÍNDICE